障害者雇用
コンサルタントが
教える

従業員300人以下の会社の
障害者雇用

ラグランジュサポート株式会社 代表取締役
木下文彦
【著】

中央経済社

はじめに

突然の辞令，そして新型コロナウィルス禍の出社禁止

　私は，前職で人事部の障害者雇用部門の責任者として，障害を持つ社員の雇用管理全般を統括していました。

　このように聞くと，障害や障害者雇用を専門に勉強していた人間だと思われる方もいらっしゃるかも知れませんが，通常の人事異動で人事部に配属されたいわゆる「普通の会社員」でした。

　私は入社以来，主に営業畑を歩みマネージャー経験はありましたが，障害者雇用部門の責任者となるまでは障害のある人と話したことがありませんでした。異動を知るとすぐにそのまま書店に駆け込んで障害者雇用に関する本を何冊か購入したことを今でも覚えています。

　緊張の面持ちで異動した部署には15，16人の障害者社員がいましたが，皆さん粛々と業務をしていました。社員たちの働き方を見て拍子抜けしてしまいました。在籍していた社員のほとんどは精神障害や発達障害のある社員でしたが，業務中に声掛けしたら緊張しながらもしっかりとした返事が返ってきたのです。「なんだ，普通の人だな」というのが素直な感想でした。

　そんな中，政府は2020年4月7日に東京，神奈川，埼玉，千葉，大阪，兵庫，福岡の7都府県に新型コロナウィルスによる緊急事態宣言を行い，4月16日にその対象を全国に拡大しました。これを受けて私が勤めていた会社は全社出勤停止になりました。

　当時の障害者雇用部門の主な業務は，名刺の印刷・紙の契約書のPDF化と関連会社での軽作業でした。どれも出社を前提とした業務です。出社停止となったことですべての業務がストップしてしまいました。在宅で行える業務はほ

とんどなく，やむなく社員の皆さんには，自己啓発として会社が推奨している資格などの勉強をしてもらうこととしました（実は，この自己啓発で知識を身に付けたことが後に大きな成果を生み出すことになります）。

同時に，メンタルを維持しづらいという課題も出てきました。毎日出社して生活の中に一定のリズムを作り出すことでメンタルを保っている社員の方もいました。

新型コロナウィルス禍では，障害のない人でもメンタル維持は課題として挙げられていましたが，障害のある人はなおのこと周囲と切り離された環境での対応が難しい場合があるのです。これは，障害のある人が働くことによって社会との関わりを持ち続けることの効用を表すものだと思います。

本書は，障害や障害者雇用についての専門知識を持ち合わせていなかった会社員が，いかにして障害者雇用部門を統括していたかという視点で書いています。ですので，障害や福祉の専門知識はあまり出てきません。最低限知っておいたほうがよいレベルでの記載となっています。雇用している社員の多くは精神障害や発達障害のある社員でしたので，記述している内容の多くはこれらの障害特性をもとにして記載しています。

また，従業員300人以下で人的リソースが限られている企業の経営者や人事部門の担当者の方々に向けて，私の実務経験をお伝えすることで明日から使える実用書としました。

そして，本書で一番お伝えしたいことは，障害者雇用は障害のない人の雇用管理と本質的には何も変わらない，ということです。

障害者雇用というと何か特別なことをしないといけないという認識の方もいらっしゃるかもしれませんがそんなことはありません。これは，営業部門と障害者雇用部門でのマネージャー経験を通じて得た私の実感です。

私はこのことを，「障害者雇用のカツカレー理論」としてセミナーなどでお

話しています。お聞きになる皆さんは総じて微妙な反応ですが……。

ただし,障害福祉に関わって二十数年という方にこの話をすると,一言,「わかる!」と言っていただけました。

カレーにカツをトッピングするとカツカレー,辛いカレーに生卵をトッピングするとマイルドなカレーになり,コクを足したければチーズをトッピングする。これは,皆さんが頭に思い描く一般的なトッピングだと思います。障害のない人に対する雇用管理が,これらのカレーです。

一方,障害のある人の雇用管理はカレーでいうと,納豆やアボカドやスナック菓子みたいなカレーのトッピング材料としてはなじみのないものがたくさんあるわけです。でも慣れてしまえば味も想像できるので違和感はなくなります。障害者の法定雇用率が納豆,除外率(障害者の就業が一般的に困難であると認められる業種について,障害のある人の雇用義務を軽減する制度。第1章29頁参照)がアボカド,合理的配慮(2016年4月施行「改正障害者雇用促進法」ですべての企業の義務化された「雇用する障がい者への合理的配慮提供」のこと)がスナック菓子でしょうか。初めは違和感があるかもしれませんね。

障害者雇用の本質

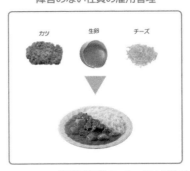
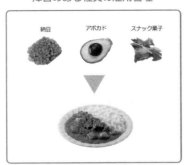

雇用管理のベースは同じ　トッピングが異なるだけ

でも，ベースとなるカレーは，障害のない人も障害のある人も何も変わらないのです。

　障害のある人の採用でも求人票は必須ですが，会社の経営理念や職場の雰囲気，担当する業務や福利厚生制度の内容などを応募者が具体的にイメージできるように記述する必要があります。でもこれは，応募者の障害の有無には関係ないですよね。

　障害者社員の安定的な勤務のために定着面談を行います。私も前職で相当数の定着面談を行いましたが，これは営業部門で新入社員を定着させるために行っていた課長面談と全く一緒です。いわゆる１ｏｎ１です。面談の相手に障害が有るか無いか，違いはただそれだけです。

　障害の有無にかかわらず，社員が持てる能力を発揮できる会社とするためにはどのようにしたらよいか。皆さんと一緒に見ていきたいと思います。

2024年10月

木下　文彦

も　く　じ

はじめに ……………………………………………………………… 3

1章　障害および障害者雇用の基本知識

1　障害とは何か ………………………………………………… 12
2　雇用関連法を理解しよう …………………………………… 20
3　雇用政策の方向性 …………………………………………… 27
4　障害者雇用の現状 …………………………………………… 33
5　助成金の活用 ………………………………………………… 41
コラム①　株式会社みやま　〜個性を活かして選ばれる企業を目指す〜・45

2章　採用業務前の準備

1　障害者雇用のステップ ……………………………………… 50
2　雇用方針の決定 ……………………………………………… 51
3　社内理解の促進 ……………………………………………… 55
4　障害者の職場実習を受け入れる …………………………… 72
5　支援者をつくる ……………………………………………… 74
コラム②　NPO法人イーハトーブとりもと　〜だめでも半年待てばいい〜・80

3章　自社に合った人材を知る

1. 担当業務と人材要件 …………………………………………… 86
2. 求人票の作成 …………………………………………………… 97
3. 選　考 …………………………………………………………… 110
4. 障害の自己理解 ………………………………………………… 143

コラム③　安定的な雇用のための就労移行支援事業所を活用した採用活動・147

4章　安定的な雇用のためにすべきこと

1. 配属にあたって注意すること ………………………………… 152
2. 勝負は最初の3か月 …………………………………………… 155
3. 定着面談で不安を減らす ……………………………………… 173
4. 職場の支援者を支援する ……………………………………… 184
5. 何がミスをさせたのか ………………………………………… 191
6. 教育研修と評価 ………………………………………………… 195

コラム④　戦力としての障害者雇用　〜多摩エレクトロニクス株式会社〜・207

5章　企業戦略としての障害者雇用

1　障害者雇用のメリット ………………………………………… 214

2　人的資本経営，SDGs，DEIと障害者雇用 ………………… 217

3　認定や表彰制度を活用する ………………………………… 222

4　障害者社員のキャリア開発 ………………………………… 226

5　障害者「も」雇用できる職場づくり ………………………… 235

コラム⑤　有限会社ローズリー資源　〜誰もが働ける職場を目指して〜・240

おわりに ………………………………………………………………… 244

1章

障害および障害者雇用の基本知識

本章では，障害者雇用の全体像を把握する目的で，障害や障害者雇用に関する基本的な知識や考え方についてお話します。また，障害者雇用に関する法律や厚生労働省の障害者雇用施策や雇用市場の現状についてもお話します。

① 障害とは何か

　障害とは何でしょうか？

　この章では，障害が法律上どのように規定されており，公的機関や事業者に課されている義務がどのようなものであるかについてみていきます。

　ここで皆さんにご認識いただきたいのは，障害は特別なものではないし，いわゆる健常者と障害者と言う二分法的な考え方で捉えるものではないということです。

　視力が悪い人は眼鏡やコンタクトをします。視力を矯正することによって，字や景色をクリアに見ることができます。眼鏡やコンタクトで視力を矯正することで私たちは円滑な生活を送ることができているのです。ではここで，日本政府が眼鏡やコンタクトの使用を突然全面的に禁止したと仮定してみてください。

　自動車免許の「免許の条件等」の欄に眼鏡等と記載のある人は車を運転できなくなりますし，近視や遠視，乱視の人はとたんに目の前の景色がぼんやりとして見えたり，二重三重に見えたりすると思います。

　「障害」もこれと同じです。ある基準を設けてそれに当てはまる人は「障害者」とされます。制度の運用のためには何らかの基準を定めて対象者を限定する必要はありますが，その「基準」は人が決めているものです。基準が変われば，それまで障害とされていなかったものも障害とされます。障害者と健常者という全く違う人種がこの世に存在するのではないのです。

　自閉スペクトラム症（ASD）という障害があります。これは自閉の程度の濃淡を連続的に捉えた考え方です。自閉傾向を健常から強い自閉傾向まで切れ

1章　障害および障害者雇用の基本知識

目なく連続体（スペクトラム）として捉えています。障害があるか無いかではなく，程度の差として捉えているところに特徴があります。

図表1-1　自閉スペクトラム症

　高次脳機能障害という障害があります。これは，脳卒中などの病気や交通事故などによって脳の一部が損傷したことによって起こる，思考・記憶・行為・言語などの障害です。事故に遭うのは明日かもしれませんし，一生事故に合わないかもしれません。

　世の中は健常者と障害者に二分されているのではなく，ましてや対立するものでもありません。また，いつ自分が病気や事故で「障害者」となるかもわかりません。障害と呼ばれているものは，「程度の差」と考えると，その対応の仕方も少し変わっていきます。

(1) 障害者の定義

　障害者に関する諸施策の基本的な考え方を示す法律に「障害者基本法」があります。

　障害者基本法第2条には，「障害者」とは，身体障害，知的障害，精神障害（発達障害を含む。）その他の心身の機能の障害（以下「障害」と総称する。）がある者であって，障害及び社会的障壁により継続的に日常生活又は社会生活に相当な制限を受ける状態にあるものをいう，と規定されています。

　つまり，法律上障害は

①　身体障害
②　知的障害
③　精神障害（発達障害を含む）

の3障害として規定されています。

　それでは，個々の障害について見ていきましょう。

　身体障害者は，「身体障害者福祉法」第4条で，「別表に掲げる身体上の障害がある十八歳以上の者であって，都道府県知事から身体障害者手帳の交付を受けたものをいう。」と定義されています。

　その別表（**図表1-2**）には，両眼の視力がそれぞれ0.1以下のもの，両耳の聴力レベルがそれぞれ70デシベル以上のもの，などと具体的に記載されています。

1章　障害および障害者雇用の基本知識

図表1-2　身体障害者の範囲

一　次に掲げる視覚障害で，永続するもの
　1　両眼の視力（万国式試視力表によって測ったものをいい，屈折異常がある者については，矯正視力について測ったものをいう。以下同じ。）がそれぞれ0.1以下のもの
　2　一眼の視力が0.02以下，他眼の視力が0.6以下のもの
　3　両眼の視野がそれぞれ10度以内のもの
　4　両眼による視野の2分の1以上が欠けているもの
二　次に掲げる聴覚または平衡機能の障害で，永続するもの
　1　両耳の聴力レベルがそれぞれ70デシベル以上のもの
　2　一耳の聴力レベルが90デシベル以上，他耳の聴力レベルが50デシベル以上のもの
　3　両耳による普通話声の最良の語音明瞭度が50パーセント以下のもの
　4　平衡機能の著しい障害
三　次に掲げる音声機能，言語機能又はそしゃく機能の障害
　1　音声機能，言語機能又はそしゃく機能のそう失
　2　音声機能，言語機能又はそしゃく機能の著しい障害で，永続するもの
四　次に掲げる肢体不自由
　1　一上肢，一下肢又は体幹の機能の著しい障害で，永続するもの
　2　一上肢のおや指を指骨間関節以上で欠くもの又はひとさし指を含めて
　3　一上肢の二指以上をそれぞれ第一指骨間関節以上で欠くもの
　4　両下肢のすべての指を欠くもの
　5　一上肢のおや指の機能の著しい障害又はひとさし指を含めて一上肢の三指以上の機能の著しい障害で，永続するもの
　6　1から5までに掲げるもののほか，その程度が1から5までに掲げる障害の程度以上であると認められる障害
五　心臓，じん臓又は呼吸器の機能の障害その他政令で定める障害（注）で永続し，かつ，日常生活が著しい制限を受ける程度であると認められるもの

　知的障害については，知的障害者の自立と社会経済活動への参加を促進するための「知的障害者福祉法」はありますが，法律上の定義がありません。
　「知的障害」は福祉用語で，医学用語では「精神遅滞」と表現されます。この2つの言葉は同義語と捉えてよいでしょう。

精神障害は,「精神保健及び精神障害者福祉に関する法律」第5条で, 統合失調症, 精神作用物質による急性中毒又はその依存症, 知的障害その他の精神疾患を有する者と定義されています。

　具体的には, 統合失調症, うつ病や双極性障害（躁うつ病）などの気分障害, てんかん, 自閉スペクトラム症・注意欠如多動症・学習障害などの発達障害がこれに当たります。

図表1-3　障害の種類

身体障害	肢体不自由	体幹機能障害 運動機能障害
	内部障害	心臓機能障害（ペースメーカー） 肝臓機能障害 腎臓機能障害
	視覚障害	
	聴覚障害	
知的障害		
精神障害	統合失調症	
	気分障害	うつ病 双極性障害（躁うつ病）
	てんかん	
	発達障害	注意欠如多動症（ADHD）
		自閉スペクトラム症（ASD）
		限局性学習症（LD）

＊上記の表は, 主な障害を示したものです

(2)　障害者手帳

　障害者手帳は, 身体障害者には身体障害者手帳, 知的障害者には療育手帳, 精神障害者には精神障害者保健福祉手帳があります。これらの手帳を総称して「障害者手帳」と呼んでいます。

1章　障害および障害者雇用の基本知識

　手帳の根拠となる法律はそれぞれ異なっていますが，いずれの手帳でも障害
者総合支援法の対象となり，手帳の取得者は様々な支援を受けることができます。
　なお，知的障害者の手帳制度は厚生労働省の方針のもと，都道府県などの自
治体が独自に運営をしています。例えば，東京都や横浜市では「愛の手帳」，
名古屋市や青森県では「愛護手帳」が発行されます。

図表 1 - 4　障害者手帳

身体障害	身体障害福祉手帳	
知的障害	療育手帳・愛の手帳・愛護手帳	＊自治体が個別に運営
精神障害	精神障害者保健福祉手帳	

⑶　医学モデルと社会モデル

　現在の障害者関連の法律は，「社会モデル」の考え方に基づいて立法されて
います。では，「社会モデル」とはどのような考え方でしょうか。

　2006年12月に国連で，「障害者権利条約」が採択されました。この条約は，
障害のある人の人権と基本的自由を保障する国際的な枠組みとして，各国政府
に対して障害者の社会的参加を支援し，障害のある人が直面する障壁を排除す
るための措置を取ることを義務付けたものです（詳細については，**1章2⑴障
害者権利条約**でご説明します）。
　この障害者権利条約の基盤となっている考え方が，「社会モデル」の考え方
です。
　実は，改正前のわが国の障害者関連の法律は，「医学モデル」の考え方をと
っていました。医学モデルとは，障害を主に個人の健康状態や身体的・精神的
な異常として捉えるアプローチです。障害は，治療や修正が必要な状態とみな

17

されて、個人の身体的な限界や問題の克服が重視される考え方です。

　一方、社会モデルでは、障害を個人の医学的状態として捉えるのではなく、その人に生きづらさや働きづらさを感じさせる社会的な障壁や制度こそが個々人の能力を制限する障害である。障害は個人にあるのではなく、社会の側にあるという考え方です。

　社会モデルの考え方では、障害のある人が自己決定を行い自立した生活を送る権利を持ち、障害のある人が社会の一員として尊重され、その人権が保障されるべきだという価値観が反映されています。

　日本政府は障害者権利条約の批准のために、国内法を改正したり新たに立法したりして、2014年1月に国連で批准されました。

図表1-5　医学モデルと社会モデル

　例えば、建物の地下から地上に上がる場面を想像してみてください。

　医学モデルの考え方では、階段を自力で登れるようにリハビリをしたり、杖などを使って登り降りできるようにするというアプローチになります。

　一方、社会モデルの考え方では、階段を使った上下移動に困難があるのであればエレベーターやエスカレーターを設置して、その人の困難さを軽減するというアプローチになります。

1章　障害および障害者雇用の基本知識

図表1-6　医学モデルと社会モデルのアプローチ

医学モデル的アプローチ

リハビリで自力で上下移動ができるようにする

社会モデル的アプローチ

エレベーターを設置して上下移動ができるようにする

(4) 一般就労と福祉的就労

　この本を手に取っていただいている方は，企業の経営者や人事担当者の方が多いと思います。皆さんの会社に障害のある人が就職することを，障害者雇用では「一般就労」と呼びます。一方で障害のある人が，障害福祉施設で働く（作業する）ことは「福祉的就労」と呼びます。一般就労という言葉は法律上のものではなく，福祉的就労の対義的な言葉として使われています。

　一般就労の中でも，障害者手帳を取得していることを会社に開示して就職することを，「オープン就労（オープン）」と言い，会社に開示せずに就職することを「クローズ就労（クローズ）」という呼び方をします。

　各企業で障害のある社員の雇用率（27頁参照）を計算する場合，当然のことですが会社は社員の誰が障害者手帳を所有しているかを把握する必要があります。そのためには会社に障害者手帳を取得していることを障害者本人が開示していること（オープン就労）が要件となります。

　手帳を取得していることを会社に開示していなければ（クローズ就労），会社側は手帳所持者とはわからないので（調べる方法はないので），法定雇用率の計算の対象者には含まれません。

企業の担当者の方から，障害者手帳取得者で会社に開示していない社員を把握する方法について質問される場合があります。

前職では，年末調整の際に障害者手帳を持つ人のための税務上の減免措置（障害者控除，配偶者控除）が適用されるので申し出てもらうようにしていました。企業が，手帳取得者を直接的に把握する方法はありませんし，無理矢理開示させることは人権上も問題がある行為ですので，あくまでも社員本人の自由意志で開示してもらうことが必要です。

図表1-7　一般就労と福祉的就労

一般就労	労働基準法	無期雇用	一般枠
			障害者枠
		有期雇用	契約社員
			派遣社員
			パート，アルバイト

			労働契約	報酬	対象者
福祉的就労	障害者総合支援法	就労継続支援A型事業所	あり	賃金*	原則の18〜65歳の障害者
		就労継続支援B型事業所	なし	工賃	障害者
		地域活動支援センター	なし	工賃	センター所在地の障害者

＊最低賃金以上

② 雇用関連法を理解しよう

障害者雇用に関連する法律を理解することは，法に則った適正な労務管理を行ううえで大変重要となってきます。

中でも，障害者雇用促進法は法定雇用率制度や障害者納付金制度など，障害者雇用の実務を行ううえでその内容を理解しておくことが不可欠な法律です。

1章　障害および障害者雇用の基本知識

　ここでは，各法律を詳細に理解するというよりは，全体像を把握するという
スタンスでお読みください。自立・自己決定・社会参加などの障害者雇用を行
ううえでのキーワードが条文でどのように使われているか，日本の障害者福祉
がどのような経緯で発展してきたかを把握しましょう。

⑴　障害者権利条約

　障害者権利条約は障害に関する国内法の考え方の基準となる「社会モデル」
を規定したものです。

　国連では，1970年代から障害者の権利に関していくつもの宣言や決議を採択
していましたが，どれも法的な拘束力を持つものではありませんでした。

　2001年12月の第56回国連総会でメキシコが提案した「障害者の権利及び尊厳
を保護・促進するための包括的・総合的な国際条約」に関する決議案が採択さ
れ，専門委員会（アドホック委員会）での交渉を経て，2006年12月「障害者の
権利に関する条約（障害者権利条約）」が第61回国連総会で採択され，2008年
5月に発効しました。

　日本国内では，条約締結のための「障がい者制度改革推進本部」が2006年12
月に設置され集中的な国内制度改革が進められました。

　その結果，以下のような法律が改正・成立しました。

　①　障害者基本法の改正（2011年8月）

　②　障害者総合支援法の成立（2012年6月）

　③　障害者差別解消法の成立（2013年6月）

　④　障害者雇用促進法の成立（2013年6月）

　これらの関連法の整備により国内の障害者制度が充実したことから，2013年
11月に衆議院，同年12月に参議院の本会議において障害者権利条約へのわが国

としての批准が全会一致で承認されました。2014年1月に障害者権利条約の批准書を国連に寄託し，同年2月に発効しています。

図表1-8　障害者に関する法体系（雇用分野）

日本国憲法

障害者権利条約

障害者基本法
(2011年改正)

障害者差別解消法・障害者虐待防止法
(2013年制定)　　　　　　(2011年制定)

【福祉】　　　　　　【雇用】　　　　　　　【教育】
障害者総合支援法　　障害者雇用促進法　　　学校教育法
(2012年制定)　　　(1960年「身体障害者雇用促進法」制定)　(第8章特別支援教育)
障害者自立支援法

藤岡毅著「障害のある人に役立つ法律知識」（日本法令）を一部改作

⑵　障害者基本法

（目的）

第一条　この法律は，全ての国民が，障害の有無にかかわらず，等しく基本的人権を享有するかけがえのない個人として尊重されるものであるとの理念にのっとり，全ての国民が，障害の有無によって分け隔てられることなく，相互に人格と個性を尊重し合いながら共生する社会を実現するため，障害者の自立及び社会参加の支援等のための施策に関し，基本原則を定め，及び国，地方公共団体等の責務を明らかにするとともに，障害者の自立及び社会参加の支援等のための施策の基本となる事項を定めること等により，障害者の自立及び社会参加の支援等のための施策を総合的かつ計画的に推進することを目的とする。

1章　障害および障害者雇用の基本知識

　障害者基本法は1993年に制定されました。

　前身は，1970年に制定された「身体障害者福祉法」です。これは，身体障害者の福祉を向上させることを目的とした法律で，当時の障害者福祉の基盤を形成するものです。

　障害者基本法は，障害のある人々が尊厳をもって自立した生活を送り，社会の中で自分らしく暮らしていけるように支援することを目的としています。

　日本は，国連で採択された障害者権利条約の趣旨に沿った障害者施策の推進のために，2011年に同法を改正しました。障害のある人を，必要な支援を受けながら自己決定によって社会のあらゆる活動に参加する主体ととらえて，障害の有無にかかわらず分け隔てられることなく他者と共生することができる社会の実現を規定しました。

(3)　障害者差別解消法

（目的）
第一条　この法律は，障害者基本法の基本的な理念にのっとり，全ての障害者が，障害者でない者と等しく，基本的人権を享有する個人としてその尊厳が重んぜられ，その尊厳にふさわしい生活を保障される権利を有することを踏まえ，障害を理由とする差別の解消の推進に関する基本的な事項，行政機関等及び事業者における障害を理由とする差別を解消するための措置等を定めることにより，障害を理由とする差別の解消を推進し，もって全ての国民が，障害の有無によって分け隔てられることなく，相互に人格と個性を尊重し合いながら共生する社会の実現に資することを目的とする。

　障害者差別解消法は，2013年に成立し2016年に全面施行されました。この法律では，不当な差別的取扱いを禁止し，合理的配慮を提供することを求めています。

　国や都道府県・市町村などの公的機関と会社や商店などの事業者が，障害の

ある人に対して正当な理由なく障害を理由として差別することを禁止しています。

また，障害のある人は，社会に存在する「バリア」によって生活しづらさを感じることがあります。国や都道府県・市町村などの公的機関と会社や商店などの事業者は，障害のある人から「バリア」を取り除くための何らかの対応を求められたときに，負担が重すぎない範囲で対応すること（合理的配慮の提供）が求められています。

⑷　障害者総合支援法

（目的）
第一条　この法律は，障害者基本法の基本的な理念にのっとり，身体障害者福祉法，知的障害者福祉法，精神保健及び精神障害者福祉に関する法律，児童福祉法その他障害者及び障害児の福祉に関する法律と相まって，障害者及び障害児が基本的人権を享有する個人としての尊厳にふさわしい日常生活又は社会生活を営むことができるよう，必要な障害福祉サービスに係る給付，地域生活支援事業その他の支援を総合的に行い，もって障害者及び障害児の福祉の増進を図るとともに，障害の有無にかかわらず国民が相互に人格と個性を尊重し安心して暮らすことのできる地域社会の実現に寄与することを目的とする。

障害者総合支援法は，2013年にそれ以前に施行されていた「障害者自立支援法」を改正し成立しました。

この法律は，障害のある人が基本的人権のある個人として尊厳をもって日常生活や社会生活を営むことができるように，福祉サービスに関する給付などの支援を総合的に行うことを定めています。

対象者は，身体障害・知的障害・精神障害を持つ成人と児童で，難病患者も含まれます。

1章　障害および障害者雇用の基本知識

⑸　障害者雇用促進法

　障害者雇用促進法は，第二次世界大戦の負傷者や身体障害者となった兵士のために1960年に制定された「身体障害者雇用促進法」を前身としています。

　障害者の職業の安定・自立促進を目的としており，障害のある人の職業生活における自立のための職業リハビリテーションの推進や，事業主への障害のある人の雇用義務化，差別禁止や合理的配慮の提供義務化などが定められています。

　障害者雇用促進法は，企業に対して障害のある社員が安全に働ける環境を整備し，適正な雇用管理や公正な評価により障害のある社員の職業能力を開発し同時に向上させることを求めています。

　障害者雇用促進法は障害者雇用の実務を行うにあたって，直接的に影響のある法律ですので以下で詳しく確認していきます。

①　目的・理念

障害者雇用促進法

> **（目的）**
> **第一条**　この法律は，障害者の雇用義務等に基づく雇用の促進等のための措置，雇用の分野における障害者と障害者でない者との均等な機会及び待遇の確保並びに障害者がその有する能力を有効に発揮することができるようにするための措置，職業リハビリテーションの措置その他障害者がその能力に適合する職業に就くこと等を通じてその職業生活において自立することを促進するための措置を総合的に講じ，もつて障害者の職業の安定を図ることを目的とする。

　この法律は，障害のある人が職業生活の自立促進に関する措置を通じて，障害のある人の職業の安定を図ることを目的としています。

② 障害者の雇用義務化

1976年に法定雇用率の達成が義務化され，身体障害者が障害者雇用の対象とされました。以後，1998年知的障害者，2018年身体障害者と雇用義務が拡大されていきました。

③ 法定雇用率制度

従業員が一定数以上の規模の事業主は，従業員に占める身体障害者・知的障害者・精神障害者の割合を「法定雇用率」以上にする義務があります（障害者雇用促進法43条第1項）。詳細は1章「③(1)**法定雇用率制度**」で詳しくご説明します。

④ 合理的配慮の提供

事業主は，合理的配慮として募集・採用時や採用後に，必要かつ適当な変更及び調整を行うことが求められています。詳細は，2章「③(4)**合理的配慮とは**」（62頁）で詳しくご説明します。

図表1-9　障害者雇用促進法

1章　障害および障害者雇用の基本知識

③　雇用政策の方向性

　厚生労働省は，2023年度から2027年度までの「障害者雇用対策基本方針」を改定しました。従来は雇用される障害者の数的拡大を主眼としてきましたが，今回の改正では「雇用の質」の向上に関する新たな施策が打ち出されました。

　具体的には，企業には法定雇用率の達成だけを考えた「数合わせの雇用」ではなく，障害のある社員の能力開発と向上を促進する施策の導入が求められています。

⑴　法定雇用率制度

　法定雇用率制度は，従業員が一定数以上の規模の事業主に対して，従業員に占める身体障害者・知的障害者・精神障害者の割合を「法定雇用率」以上にする義務を課すものです（障害者雇用促進法43条1項）。

　具体的な法定雇用率は次のようになります。

図表1-10　法定雇用率

	現行	2024年4月～	2026年7月～
法定雇用率	2.3%	2.5%	2.7%
障害者雇用の対象となる事業主の範囲	従業員43.5人以上	従業員40人以上	従業員37.5人以上

　民間企業における障害者雇用率は，分母に常用労働者数と失業者の合計，分子に対象障害者である常用労働者の数と失業している対象障害者の数の合計で計算されるものです。計算は，次のポイントに換算します。

27

短時間労働者：1人を0.5人（0.5ポイント）（原則）

重度身体障害者，重度知的障害者：1人を2人（2.0ポイント）

短時間重度身体障害者，短時間重度知的障害者：1人（1.0ポイント）

特定短時間重度身体障害者，特定短時間重度知的障害者，精神障害者：0.5人（0.5ポイント）

図表1-11　雇用ポイント

雇用ポイント

週所定労働時間	身体障害	重度	知的障害	重度	精神障害
30時間以上	1	2	1	2	1
20時間以上**30**時間未満	0.5	1	0.5	1	0.5＊
10時間以上**20**時間未満	−	0.5	−	0.5	0.5

＊精神障害者は，雇い入れまたは手帳取得から3年以内は1カウント（当面）

　実雇用率は，常用雇用で働いている障害のある労働者の人数と，常用雇用で働いている労働者の総数から計算します。

　個々の企業で計算する実雇用率は以下となります。

$$実雇用率(\%) = \frac{障害者の常用労働者数(ポイント)}{常用労働者数(ポイント)} \times 100$$

　ここでご注意いただきたいのは，分子の障害者です。ここでいう障害者は身体・知的・精神障害共に障害者手帳の取得者と一部の障害の診断がある人ですが，実務上は障害者手帳の取得者と捉えて問題はありません。

1章　障害および障害者雇用の基本知識

(2)　除外率制度

除外率制度とは，障害のある人の就業の難易度が高いと認められる業種に対して適用される，障害者雇用義務を軽減する制度です。

企業で必要雇用人数を計算するときは，以下の式となります。

必要雇用者数＝常用労働者数 ×（1－除外率）× 法定雇用率

除外率制度自体は，2004年に廃止されています。現在は，廃止に向けた経過措置期間です。過去には2004年4月と2010年7月に一律10ポイントの引き下げが実施されており，2025年4月にも一律10％の引き下げが予定されています。自社の事業が除外率に該当するかは厚生労働省のホームページを検索してみてください。

なお，除外率が適用されたとしても，企業には障害者雇用の促進に向けた努力が求められます。

図表1-12　主な業種の除外率

主な業種の除外率　（2025年4月から引き下げ実施）

建設業・道路貨物運送業	20% ⇒ 10%
医療業	30% ⇒ 20%
道路旅客運送業	55% ⇒ 45%
幼稚園・認定こども園	60% ⇒ 50%

(3)　算定対象の拡大

障害者雇用率の計算式は前記でご説明したとおりですが，2024年4月から，この式の分子にあたる障害のある社員の対象の拡大が図られました。

$$実雇用率(\%) = \frac{障害者の常用労働者数（ポイント）}{常用労働者数（ポイント）} \times 100$$

具体的には，特定短時間労働者として，週所定労働時間10時間以上20時間未満の区分が新設されました。これは，近年の精神障害者の労働市場への参入が拡大していることに対応するものです（近年の雇用市場については，**1章「4 ⑵求職者・就職者の動向」**（35頁）でご説明します）。

精神障害の場合，体調の波などによって週20時間以上の労働も厳しいという人もいます。

このような人の場合，週10時間以上20時間未満の就労から始めて，職場環境への順応や体調面での安定が増してきたところで週20時間以上30時間未満に延長するような利用が考えられます。

図表1-13　雇用ポイント対象者の拡大

週所定労働時間	身体	重度	知的	重度	精神
30時間以上	1	2	1	2	1
20時間以上**30**時間未満	0.5	1	0.5	1	0.5*
10時間以上**20**時間未満	─	0.5	─	0.5	0.5

＊精神障害者は，雇い入れまたは手帳取得から3年以内は1カウント

2024年4月1日より追加

⑷「雇用の質」の重視

1章「3雇用政策の方向性」の冒頭でお話したように，厚生労働省の新たな「障害者雇用対策基本方針」では，雇用の質の向上に関する施策が打ち出されています。主な施策は以下の2点です。

1章　障害および障害者雇用の基本知識

　①　キャリア形成と定着促進
　②　助成金の新設

　キャリア形成と定着促進では，障害者雇用促進法第5条が改正され2023年4月から事業主は障害のある社員の適正な雇用管理と，職業能力の開発・向上措置を図るよう事業主の責務として努力義務化が図られました。

　日本の障害者雇用施策は，法定雇用率を引き上げることによって企業の雇用努力を促してきました。この結果として，雇用者数は拡大し実雇用率も上昇を続けています。

　一方，障害のある社員が担当する業務の創出（切り出し）が間に合わず，出社しても行う仕事がなく席に座っているだけとか，何年も同じ業務だけを行い昇給もわずかというような例もあります。

　ここでもう一度，障害者雇用促進法の目的や基本理念を見てみましょう。

　第一条の「目的」では，「障害者がその有する能力を有効に発揮することができるようにするための措置」などを通じて，「その職業生活において自立することを促進するための措置を総合的に講じ，もって障害者の職業の安定を図る」とされています。

　また，「基本的理念」として障害者雇用促進法第3条では「障害者である労働者は経済社会を構成する労働者の一員として，その能力を発揮する機会を与えられる」，第4条では「職業に従事する者として自覚を持ち，能力の開発及び向上を図り，有為な職業人として自立するよう努める」とされています。

　このような法の目的や基本的理念と，法定雇用率を達成するためだけの「数合わせの雇用」は相容れないものです。

図表 1-14　職業能力の開発と向上

| キャリア形成 | 資格取得・職業訓練・研修 |

| 定着促進 | ジョブコーチ（職場適応援助者）の活用
調整金・報奨金の変更と助成金新設 |

　また，障害のある社員の高齢化や雇用義務があるにもかかわらず一人も障害のある人を雇用していない「雇用ゼロ人企業」の存在も問題視されてきました。

　このような問題に対応するために2024年4月に新たな助成金が2つできました。「中高年齢等障害者職場適応助成金」と「障害者雇用相談援助助成金」です。

　中高年齢等障害者職場適応助成金は，35歳以上で雇用後6か月を超える障害者社員の加齢による就労に困難さが増した場合に，継続雇用のために必要な措置を行った事業者に支給されます。

　具体的には，障害者作業施設設置等助成金や障害者介助等助成金の一部，職場適応援助者助成金で加齢による変化に対応したものとなり，支給額や支給期間は各助成金で異なります。

　例えば，製造ラインに就いていた障害者社員が加齢により重いものを持てなくなったときに，ラインを改修したような場合に助成されます。

　もう1つは，障害者雇用相談援助助成金です。これは，障害者雇用のノウハウのあるNPO法人や特例子会社などが，雇用ノウハウを持たない企業などに障害者雇用のコンサルティングをした場合に，コンサルティングをしたNPO法人や特例子会社に支給されるものです。

1章　障害および障害者雇用の基本知識

　法定雇用義務のある企業のうち，約半数は法定雇用率を達成しておらず，更に雇用率を達成していない企業の約6割弱は一人も障害のある人を雇用していません。このような企業は，障害者を雇用するまたは，雇用を継続させるノウハウが不足していると考えられます。これらの企業に雇用ノウハウを移転させ雇用の質を高めるための助成金です。

4　障害者雇用の現状

(1) 雇用されている障害者の数

　令和6年度障害者白書によると，国内の障害者数は1,160万2千人です。複数の障害を併せ持つ人もいるため，単純な合計にはならないものの，国民のおよそ9.2％が何らかの障害を有していることになります。

　各障害の内訳を見ると，身体障害者（身体障害児を含む。以下同じ）が436万人，知的障害者が109万4千人，精神障害者が614万8千人です。

図表1-15　障害者の概数

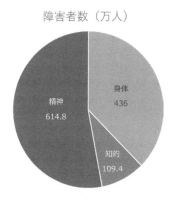

年齢別に一番多い区分を見ると，身体障害者の約74％は65歳以上，知的障害者の約61％が19歳以上64歳以下，精神障害者の52％が25歳以上64歳未満です。

図表1-16　年齢階層別の障害者数

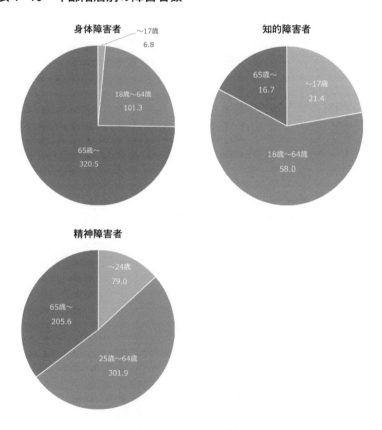

　なお，身体障害者数及び知的障害者数は，「生活のしづらさなどに関する調査」に基づき推計されたものです。精神障害者数は，医療機関を利用した精神疾患のある患者数を精神障害者数としていることから，通院が一時的なもので

1章　障害および障害者雇用の基本知識

あって精神疾患によって日常生活や社会生活上の制限を継続的に感じていない人も含まれている可能性があります。

(2) 求職者・就職者の動向

厚生労働省の「令和5年度のハローワークを通じた障害者の職業紹介状況」によると，2023年の新規求職件数は総件数249,490件でうち精神障害者は137,935件，新規就職件数は総件数110,756件でうち精神障害者は60,598件でした。各件数に占める比率は，新規求職件数で58.8％，就職件数で57.3％と過半数を超えています。

身体障害者の多くは病気や事故などによる後天性のため新規の労働者として障害者雇用市場に表れる数は今後も限られます。**図表1-17**を見ていただくと一目瞭然ですが，精神障害者のグラフの傾きが，身体障害者や知的障害者とは明らかに異なっています。

図表1-17　ハローワークを通じた新規求職・就職件数

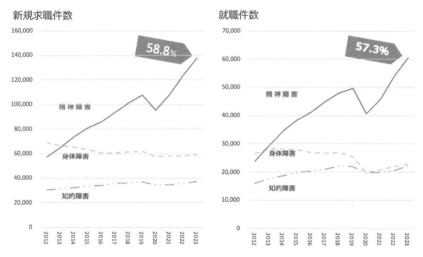

私の前職の障害者雇用部門では採用も担当していましたが，募集を行うと精神障害（発達障害を含む）の方の応募がほぼ9割と言った状況でした。
　これには雇用が義務化された年数が関係しているようにも思います。身体障害者は1976年，知的障害者は1998年，精神障害者は2018年に雇用が義務化されました。これに近年の法定雇用率の引き上げが加わり，企業の採用活動が活発化したこともあって精神障害者の比率が上昇しているものと思われます。

(3) ニューロダイバーシティ
　皆さんに質問があります。**図表1-18**をしっかりと見てください。この図は本です。この本を読むあなたはどちら側にいますか？

図表1-18　本を見るあなたはどちらにいますか？

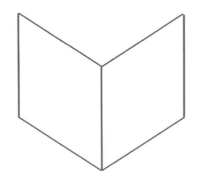

　あなたは，**図表1-18**を表紙側（右図A）としてこの図を見ていましたか，それともページ側（右図B）として見ていましたか。ある人は表紙側として見ていたかもしれませんし，ある人はページ側としてみていたかもしれません。
　実際にセミナーでこれを行うと，若干Aの表紙側として見ている方が多いです。しかし，どちらかが正解というものではなく，どちらかが望ましいという

1章　障害および障害者雇用の基本知識

ものでもありません。この単純な図を見るだけでも，人によって捉え方が異なることを認識していただきたくてお見せしました。

「捉え方の転換」をもたらす考え方が，ニューロダイバーシティです。

図表1-19　表紙側？　ページ側？

A　表紙側 　　B　ページ側

　ニューロダイバーシティ（Neurodiversity, 神経多様性）とは，Neuro（脳・神経）とDiversity（多様性）という2つの言葉が組み合わされて生まれた考え方です。

　「脳や神経，それに由来する個人レベルでの様々な特性の違いを多様性と捉えて相互に尊重し，それらの違いを社会の中で活かしていこう」という考え方であり，特に，自閉スペクトラム症，注意欠如・多動症，学習障害といった発達障害において生じる現象を，能力の欠如や優劣ではなく，『人間のゲノムの自然で正常な変異』として捉える概念です（経済産業省「ニューロダイバーシティの推進について」より）。

　このように，ニューロダイバーシティでは発達障害は障害ではなく，脳の多様性と捉えます。発達障害は「障害」であるので，発達障害のある労働者は，今までは企業においては郵便物の仕分けやデータ入力などの補助的な業務につ

くことがほとんどでした。

　ニューロダイバーシティでは、障害ではなく「脳の多様性」として捉えるので、一定の配慮や支援を提供することで、補助的な業務ではなくその企業の本業の中核的業務を担う戦力として活躍できる可能性を探ろうとする考え方です。

　皆さんも、試験勉強などで暗記をすることがあったと思います。ある人は、ひたすら書いて覚える、ある人は耳で聞いて覚える、またある人はテキストなどをじっと見て暗記するなど、それぞれで暗記の仕方に違いがあったと思います。これはまさしく動作優位・聴覚優位・視覚優位など、人による脳の特性の違いから起きることです。

　書いて覚えるのが得意な人に、耳で聞いて覚えろと言ってもなかなか覚えられないのではないでしょうか。

図表1-20　発達障害は脳の多様性

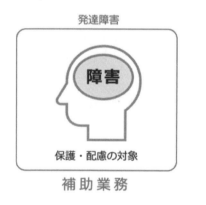 

　ニューロダイバーシティの考え方を表すものに「たんぽぽの原則」があります。これは、MIT Sloan Manegement Leview MAY19 2019で発表されたものです。

1章 障害および障害者雇用の基本知識

「たんぽぽの原則」
たんぽぽは，均一な芝生の上では雑草。
しかし，実は栄養・ヒーリングなどの
効果があるハーブでもある。
たんぽぽを雑草とするかハーブとするかは
タンポポではなく，
私達の知識と理解次第である。

MIT Sloan Manegement Leview MAY19 2019

　では，実際にどのような分野で発達障害者はニューロダイバーシティの考え
に基づいて活躍しているのでしょうか。

　元々ニューロダイバーシティの考え方を提唱した，デンマークのスペシャリ
ステルネ社の創業者トーキン・ソンネ氏は，氏の発達障害を持つご子息が活躍
できる分野を探していました。いろいろな業務を試したなかで，ソフトウェア
テストで最も高いパフォーマンスを得ることができる業務が，ソフトウェア開
発におけるプログラクミス（バグ）を発見する業務であることがわかりました。

　氏はスペシャリステルネ財団を設立し，ニューロダイバーシティの考え方の
普及にあたりました。

　そして，IBMやJPモルガン，P&Gなどの企業がソフトウェア開発などの業
務で積極的に発達障害を持つ人材を採用しています。

　ニューロダイバーシティはIT分野との親和性が高く，日本の企業でもデジ
タルハーツ社がソフトウェアテスト事業で発達障害者を多く採用するとともに，
引きこもりなど社会との関わりの薄かった人材も積極的に採用しています。

　今までの説明を聞くと，ニューロダイバーシティは大企業のIT分野限定の
話だと思われるかもしれませんが，中小企業の非IT分野でも取り組まれてい
ます。

図表1-21 ニューロダイバーシティの先行事例

IT	スペシャリステルネ (デンマーク)	ソフトウェアテスト事業 (2004年〜)
	SAP (ドイツ)	ソフトウェア開発等幅広い職種 (2022年〜)
	IBM (アメリカ)	ソフトウェア開発・品質保証・設計等 (2017年〜)
	デジタルハーツ (日本)	ソフトウェアテスト事業 (2001年〜)
金融	JPモルガン (アメリカ)	アプリ開発・品質保証・技術運用等 (2015年〜)
製造	P&G (アメリカ)	ソフトウェア開発・マネージャー職 (2019年〜)

参考）・日本型ニューロダイバーシティマネジメントによる企業価値向上（前編)NRI
　　　・発達障害の特性を企業の成長戦略に。「ニューロダイバーシティ」へ転換するには？
　　　　　　　　　　　　　　　　　　　　　　　　　　　　　　　　日本財団

　1つの事例をご紹介します。長野県茅野市にあるプラスチック加工業の株式会社みやまでは，発達障害やその傾向のある人材も積極的に採用しています。入社後は様々な部署をまわり業務とその人の特性の相性を見て，その人に合う職場に配属します（株式会社みやまの取組みについては45頁のコラム①をご一読ください）。

　みやまで扱っているプラスチックは耐熱性・耐衝撃性があり，給湯器の熱湯を通すパイプの金属部品の代わりに使われています。通常のプラスチック樹脂とは収縮率もガスの発生量も異なるため，金型の設計は相応のノウハウが求められ，複雑な部品ほど微細な調整が必要となります。

　数多くの計測と調整が必要になりますが，ある自閉スペクトラム症の社員は，他の人が諦めてしまうような複雑な部品でも計測と調整を諦めず，他社が受注できないような部品の受注に成功しています。

　みやまの百瀬真希社長は，「発達障害を持つ社員の力が，みやまの差別化の根源」とおっしゃっていました。

1章　障害および障害者雇用の基本知識

　みやまはこうした取組みをSDGsの一環として推進していますが，実際に行っているのはニューロダイバーシティの取組みそのものだと私は感じました。

　ニューロダイバーシティの考え方は発達障害を持つ人に対する新しい考え方です。しかし，先進的な大企業・IT企業だけでなく非大企業・非IT部門でも十分に活用できる考え方です。
　これは，障害のある社員＝補助的業務という従来の考え方を覆すもので，発達障害に限らず様々な障害のある社員がその企業の中核的業務を担い，適材適所で企業の生産性向上に貢献できる可能性を秘めている考え方であると思います。

⑤　助成金の活用

　障害者雇用に関する助成金は様々なものがあります。国に限らず都道府県や市区町村などで独自に助成する制度もあります。
　助成金は国や自治体が推進したい政策を実施した企業に対する経済的負担を軽減する措置です。お金がもらえるから障害者雇用を行う，のではなく障害者雇用に関する様々な施策を実施したことによるご褒美と考えください。

⑴　特定求職困難者雇用開発助成金
　これは「特開金」と呼ばれるもので，全部で7つのコースがあり，60歳以上の高年齢者，障害者，母子家庭の母等，父子家庭の父などの就職困難者を雇用した事業主に助成されます。
　中でも障害者雇用に関連するのは，「特定就職困難者コース」です。
　「発達障害者・難治性疾患患者雇用開発コース」もありますが，これは障害者手帳を取得していない人（障害者の雇用率計算には含まれない人）を雇用する場合に助成されます。

【特定就職困難者コース】

　ハローワーク等の紹介により，継続して雇用する労働者（雇用保険の一般被保険者）として雇い入れる事業主に対して助成するものです。

　中小企業の場合，身体・知的障害者を雇用した場合は4期に分けて総額120万円が助成されます。また，重度障害者や45歳以上の障害者，精神障害者を雇用した場合は，6期に分けて総額240万円が助成されます。

【発達障害者・難治性疾患患者雇用開発コース】

　障害者手帳を取得していない発達障害者や難病患者をハローワーク等の紹介により，継続して雇用または新たに雇い入れる事業主に対して助成されます。

　事業主には雇用した方に対する配慮事項等についての報告義務があり，雇い入れから約6か月後にハローワーク職員等の職場訪問があります。

　中小企業の場合，2年間で4期に分けて総額120万円が助成されます。

⑵　キャリアアップ助成金

　有期雇用労働者，短時間労働者，派遣労働者といったいわゆる非正規雇用の労働者の企業内でのキャリアアップを促進するため，正社員化や処遇改善の取組を実施した事業主に対して助成されるものです。

　全部で7つのコースがありますが，障害者雇用に関連するのは「障害者正社員化コース」です。

【障害者正社員化コース】

　有期雇用を正規雇用または無期雇用労働者に転換する措置，もしくは無期雇用を正規雇用に転換する措置のいずれかを継続的に講じた事業者に助成されるものです。

　身体障害者・知的障害者・発達障害者・難病患者・高次脳機能障害を正社員化

1章　障害および障害者雇用の基本知識

した場合，有期雇用から正規雇用への転換で2期にわたり総額90万円が助成されます。
　重度身体障害者・重度知的障害者・精神障害者の場合は，2期にわたり最大120万が助成されます。

(3)　トライアル雇用助成金

　ハローワークまたは民間の職業紹介事業者等の紹介により，就職が困難な障害のある人を一定期間雇用することにより，その適性や業務遂行可能性を見極め，求職者及び求人者の相互理解を促進すること等を通じて，障害者の早期就職の実現や雇用機会の創出を図ることを目的としています。

【障害者トライアルコース】

　ハローワークまたは民間の職業紹介事業者等の紹介により，就職が困難な障害者を一定期間雇用（原則3か月，最長12か月）する事業主に対して助成するものです。
　精神障害者の場合は月額最大8万円を3か月，月額最大4万円を3か月（最長6か月間），それ以外の場合，月額最大4万円（最長3か月間）が助成されます。

【障害者短時間トライアルコース】

　継続雇用する労働者として雇用することを目的に，障害者を一定の期間を定めて試行的に雇用し，雇入れ時の週の所定労働時間を10時間以上20時間未満とし，障害者の職場適応状況や体調等に応じて，期間中に20時間以上とすることを目指す事業主に助成されます。
　ハローワークまたは民間の職業紹介事業者等の紹介により雇用し，3か月から12か月間の短時間トライアル雇用をした事業主に，1人につき月額最大4万円（最長12か月間）が助成されます。

⑷ 自治体等の助成金

　自社で申請できる助成金を探すには，インターネットで，「○○（自治体名）障害者　雇用　助成金」で検索してみてください。

　下記は東京都の例です。

【東京都中小企業障害者雇用支援助成金】

　国の特定求職者雇用開発助成金（特定就職困難者コースまたは発達障害者・難治性疾患患者雇用開発コース）の助成対象期間が満了となる中小企業に対して，引き続き東京都が独自に助成するものです。

　重度身体障害者，重度知的障害者，雇用日現在で45歳以上の身体障害者，雇用日現在で45歳以上の知的障害者，精神障害者の場合は一人当たり月額5万5千円（定額），それ以外の場合と短時間労働者（週所定労働時間が20時間以上30時間未満）は一人当たり月額3万3千円（定額）が助成されます。

　また，愛知県では「中小企業応援障害者雇用奨励金」制度もあります。

【中小企業応援障害者雇用奨励金】

　愛知県が2017年度に独自に創設したもので，障害者雇用の促進を図るものです。

　障害者雇用の経験のない中小企業（常時雇用する労働者数が300人以下の中小企業）が，対象となる障害者を初めて雇用した場合（過去3年間に対象障害者の雇用実績がない場合も含む。）に奨励金が支給されます。

　週所定労働時間が30時間以上の身体障害者・知的障害者・精神障害者と，週所定労働時間20時間以上30時間未満の短時間労働者である精神障害者は60万円が支給されます。

　助成金は，年度毎に支給要件や支給額が変わりますので，厚生労働省などのホームページで最新の情報を確認してください。

1章　障害および障害者雇用の基本知識

> コラム①
> 株式会社みやま　～個性を活かして選ばれる企業を目指す～

　私がお会いした会社の社長のお話です。長野県茅野市に株式会社みやまという会社があります。同社は昭和22（1947）年創立で，80年近い社歴を有する会社で，一般的な樹脂製品や，金属の代わりに使われるスーパーエンジニアリングプラスチック（特にPPS=ポリフェニレンスルフィド）等のプラスチック成形製品を設計・開発をしています。同社の強みは，金型の設計から成形まで自社内で行えることです。

　同社は，2019年7月，長野県のSDGs（持続可能な開発目標）推進企業（第1期）に登録されました。みやまの自社サイトの採用情報ページには，「ワークライフバランスを推進した生き方」としてSDGs目標8番の「働きがいも経済成長も」のロゴが掲げられています。

　工場に向かう通路には，社員1人ひとりがその年の目標を明示し，それが17あるSDGsの目標のどれと結びついているか，どうやって実現するかを一覧表にした「私のSDGs目標」が掲示されています。

　社員の精神的な障害を理解して，伸ばし育てようと考えるのが，同社の百瀬社長です。きっかけとなったのは「身内に発達障害者がいたこと」でした。百瀬社長は採用面接で「心の病が有るかもしれない」とわかっても，それを理由に採用

を控えることはせず，採用して本人の適性を見て育てています。

　「大企業のように技術系が次々と応募してくることはないので，来てくれた人をどう育てるかだと思っています」と言う百瀬社長は，面接で発達障害の特性があるとわかっても，「この技術を持っているので，定着してくれればありがたい存在になる。採用して育てていこう」と考えています。

　同社では，入社1年程度の社歴が短い社員には，メンターを付けています。上司には相談しにくいことも，メンターだと相談しやすいからです。上下関係ではないので，メンターは本人が話しやすいように年齢が近い人から選びます。年齢が近いメンターに対してなら「ちょっとそれは変だと思う」と思ったことも気軽に言えるので改善につながります。継続が必要な社員だと入社3年目でもメンターを付けるケースもあります。

　メンターのケアにも配慮しています。3か月に1回を目安にメンターの面接をし，メンターから課題が上がってくれば，定期面談とは別に話を聞いています。

　百瀬社長は，長年の取組みを通して，発達障害との診断を受けてはいないけれど，発達障害の傾向のある人たち（百瀬社長はこうした人たちを「グレーゾーンの特性を持っている人」と表現されています）のおかげで，当社は「選ばれる企業になった」という気持ちもあるとおっしゃっています。

　「彼らが突き詰めてくれるおかげです。金属代替樹脂は，収縮率をどう読み取って，その収縮率をどう金型に転写するかで求められる寸法精度を出す工程があるのですが，これはものすごく根気のいる仕事です。ずっとその製品につきっきりで測定をして長い部品でも幅1ミリ刻みで細かく見ながら傾向性を見ます。

　金型に転写する時も『ここはちょっと凹んでいる』とか『ちょっと凸になっ

46

1章　障害および障害者雇用の基本知識

ている』といった具合に、すごく手間がかかるんです。でも、グレーゾーンの人たちが根気よく製品の特性を見つけて金型に転写してくれたことで、お客様が「この部品の樹脂化はちょっと無理かな」と思っていたことを実現できることがあります。私は本当に彼らに助けられているんです」

「グレーゾーンの人たちは大企業に勤めていた人たちです。『失敗しました。地元に戻ってきました。働く所がありません』という人は、実は能力があって一度は大企業がその力を使いたいと採用した人です。長年勤めてきました、という人より、全然社風に合わない、パワハラを受けましたという若い人で、こういう人材の採用も中小企業の活路かなと思っています」

「中小企業には人がなかなか集まらないし、給料を青天井で上げるわけにはいきません。いかに働きやすいと思ってもらえるかが大切」と社長は話されていました。

同社は直近では、20歳代後半と30歳代前半の社員を立て続けに採用しましたが、彼らにみやまを選んだ理由を聞くと「SDGsに取り組んでいることに魅力を感じました」、「人を大切にしてくれる会社だと思って応募しました」とのことでした。

「物を作りたいという以前に、人を大切にしてくれるかどうかや、SDGsに取り組んでいるかが、今は本当に大きなポイントだと感じます」と百瀬社長は実感したそうです。

会社の発展には多様な人材の活躍が必要ですが、SDGsと関連付けることで、「世界的な基準が求めていることを実施しているんだ」と社員には素直に聞い

百瀬真希氏

てもらえました。

　同社では，作業場の一角をB型事業所の（就労継続支援B型事業所）施設外就労の場として提供しています。B型事業所に通所している障害のある人たちと同じ場所で一緒に働くことは，多様性を実体験することにつながります。

　みやまでは，障害やその傾向がある人を「自分たちの物差し」で判断して切り捨てるのではなく，そうした人たちが持つ「特性」と業務のマッチングを粘り強く繰り返していました。その結果として他社が受注を諦めた部品も受注できる技術力を身に付けます。
　障害のある社員の特性を「競争力の源泉」とまで言い切った百瀬社長の言葉が印象に残りました。

株式会社みやま 概要

代表取締役	百瀬真希
所在地	長野県 茅野市
社　員	70名
事業内容	汎用樹脂やスーパーエンプラ（PPS）等のプラスチック成形、製品設計開発

2章

採用業務前の準備

本章では，雇用方針の策定や障害に関する社内理解の促進，職場実習の実施など採用実務に入る前に企業が実施しておくことなど，障害や障害のある人と働くことの理解の重要性についてお話します。

1　障害者雇用のステップ

　障害のある人を採用できるか，採用後に定着できるかは，雇用される障害当事者の問題もありますが，雇用方針の欠如や社員の障害に関する理解の不足，緊張感の高い職場の雰囲気など雇用する企業側の問題のほうが大きいと私は感じています。
　障害者雇用の流れを端的に示すと**図表 2-1** となります。

図表 2-1　障害者雇用のステップ

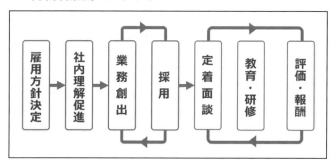

　雇用者側である企業がこれらの適切なステップを踏むことが，障害者社員が定着し活躍できる職場環境をかたち作っていくものと考えます。以下に順を追って，何をすべきかについてご説明します。

2章　採用業務前の準備

② 雇用方針の決定

(1) 方向と緊急性

　突然ですが，皆さんは本場のラーメンを食べたいと思って現地に行こうと決めたとします。さて，とんこつラーメンにしますか？　味噌ラーメンにしますか？
　とんこつラーメンなら九州の福岡が，味噌ラーメンなら北海道の札幌が本場です。仮に東京から出発すると方向が全く違いますね。また，飛行機で行くか新幹線で行くかで到着までの時間も違ってきます。

図表2-2　雇用方針の決定

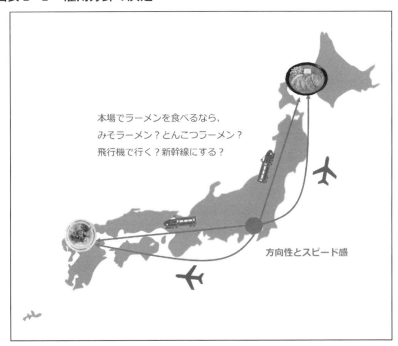

雇用方針を決めるのはこれと似ています。何のために雇用するのかが「方向性」，いつまでに雇用する必要があるのかが「時間軸」です。

　ではなぜ雇用方針を決めなければならないのでしょうか。

　それは，法定雇用率の引き上げによって，障害のある人の採用・転職市場は売り手市場となっているからです。今は，企業が障害のある人を選ぶ時代ではなく，障害のある人に選ばれる時代になっているからです。

　そのためには，どのような人材を採用するのか，どのようにして採用した障害者社員を定着させ活躍させるのかという一連の活動の質を上げる必要があります。

　雇用方針を決めるということは，障害者雇用について会社の理念やビジョンとどのように整合性が取られているのか，経営戦略の中でどのように位置付けていくのかを決めることです。

　上場企業の統合報告書※では，障害者雇用の方針について次のように表明されています。

金融関連のＡ社の場合

「当社では，障がい者雇用を多様な人材活躍の一環として位置付けています」

生命保険関連のＢ社の場合

「地域・社会貢献の観点から，全国に展開する支社および東京・大阪の本社において，障がい者雇用に積極的に取り組んでおり…」

※　企業の売上や資産など法的に開示が定められた財務情報に加え，企業統治や社会的責任（CSR），知的財産などの非財務情報をまとめたもの。

2章　採用業務前の準備

A社の「人材活躍の一環」と，B社の「地域・社会貢献の観点」が障害者雇用の方向性になります。方向性が異なれば，具体的な施策は全く異なってきます。

障害のある人の雇用方針には以下の事項を盛り込んでください。

採用人数	不足人数の充足とするのか，さらに上積みするのか
計画達成期間	いつまでに達成するのか。障害者雇用状況報告書（61報告^(注)）の基準日までにどのくらいの時間が残っているのか。
配属予定部署	人事部や経理部などの事務部門か，営業部や製造部などの現業部門か。
雇用形態と給与	有期雇用か正規雇用（無期雇用）か，有期雇用からどのタイミングで正規雇用（無期雇用）に転換させるのか，給与はいくらにするのか。

（注）　高年齢者等の雇用の安定等に関する法律において，事業主は，毎年6月1日現在の高年齢者および障害者の雇用状況等を，管轄の公共職業安定所（ハローワーク）を経由して厚生労働大臣に報告することが法律で義務付けられていることから，「61報告書」と言われています（後記(3)も参照）。

(2)　社長の言葉で語る

私は企業の障害者雇用を支援するときに，必ずお願いをしていることがあります。それは，社長が自分自身の言葉で

① 障害者雇用を始めること（さらに力をいれること）の宣言

② 会社のビジョンや理念と障害者雇用がどのような関連があるのか

③ 雇用方針

を社員に届けることです。

「ヒト・カネ・モノ・情報」という経営資源をどのように配分し，どのよう

な戦略で事業を実施するかは，社長の重要な役割です。

　障害者雇用を通して何を実現したいのか，自社をどのような企業として存在させたいのかを，ぜひ社長の言葉で語っていただきたいのです。

　社長が人事担当者に障害者雇用を行うように指示するだけでは，障害者雇用はスムーズに行えません。人事担当者と配属予定部署の責任者の交渉だけで進められるものでもありません。

　私が人事担当者の方に社長から全社員に向けて話していただくことの大切さをお話すると，ちょっと面倒くさそうな反応をする方がいます。そのようなとき私は人事担当者の方に次のような話をします。

　「社長から全社員に向けて話していただくことで，人事担当者としてのあなたの仕事が格段に進めやすくなりますよ。社内には必ず『総論賛成各論反対』の方がいらっしゃいます。特に，部長などの部署の責任者からこのような反応をされた場合に，社長が自ら示した方針であるかないかで，あなたの仕事の進捗に大きな違いが生じますよ」

(3)　ハローワークへの届け出

　障害のある人を雇用する場合，ハローワークへの届け出が必要となる場合があります。必要となる可能性のある届け出は，次の3つです。

①　障害者職業生活相談員

　常時雇用する障害者社員が5人以上の企業は，障害者社員の実人員が5人以上となってから3か月以内に，「障害者職業生活相談員」を選任する必要があります。

　これは，障害者社員が職場に適応し，また，その能力を最大限に発揮できるよう，職場内で障害者社員の職業生活全般の相談に乗ることで，障害特性に十

2章　採用業務前の準備

分配慮した適切な雇用管理を行うことを目的としています。

　また，選任後は，遅滞なくその事業所を管轄するハローワークに届け出る必要があります。

②　障害者雇用推進者

　障害のある人の雇用義務のある企業（従業員が40人以上の民間企業）は，企業内で障害者雇用の取組体制を整備する「障害者雇用推進者」を選任するよう努める必要があります。障害者雇用推進者は，障害者職業生活相談員とは異なり人事労務担当の部長クラスを想定しています。

　毎年6月1日現在の「障害者の雇用に関する状況（障害者雇用状況報告＝61報告）」に，障害者雇用推進者の役職・氏名の記入が必要になります。

③　障害者の解雇届

　障害のある人の再就職は一般の求職者と比べて困難であるとされています。ハローワークが解雇される障害者社員に対して早期の再就職実現に向けて迅速な支援を行えるように，すべての企業は障害者社員を解雇する場合，速やかに管轄のハローワークに「解雇届」を届け出る必要があります。

③　社内理解の促進

　障害者社員の退職理由のトップ3は，
　1位　職場の雰囲気・人間関係
　2位　賃金・労働条件に不満
　3位　仕事内容が合わない
です（**図表2-3**）。

図表 2-3　障害者社員の退職理由

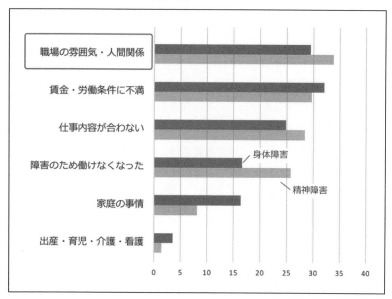

　この退職理由を踏まえると，障害者社員の継続的な雇用を実現するには，職場の雰囲気づくりと受容的な人間関係がポイントとなるでしょう。そして，その実現のためには，社内の理解が必要です。
　ここからは，社内理解を促進するための前提知識をお伝えします。

(1)　アンコンシャス・バイアス
　アンコンシャス・バイアスは，アンコンシャス（無意識，unconscious）とバイアス（偏見，bias）の2つの単語からなる言葉で，「無意識の偏見」とか，「無意識の思い込み」と訳されています。
　内閣府男女共同参画局が実施した「令和4年度　性別による無意識の思い込みに関する調査」では，男女の性別による役割に関して次の結果が出ています。

2章　採用業務前の準備

図表2-4　性別役割意識

性別役割意識

（「そう思う」＋「どちらかといえばそう思う」の合計）
※「－」は前回測定項目になし

男性　上位10項目	回答者数：5452	(%)	(参考)前回順位	女性　上位10項目	回答者数：5384	(%)	(参考)前回順位
1　男性は仕事をして家計を支えるべきだ		48.7	2	1　男性は仕事をして家計を支えるべきだ		44.9	2
2　女性には女性らしい感性があるものだ		45.7	1	2　女性には女性らしい感性があるものだ		43.1	1
3　女性は感情的になりやすい		35.3	4	3　女性は感情的になりやすい		37.0	3
4　デートや食事のお金は男性が負担すべきだ		34.0	3	4　育児期間中の女性は重要な仕事を担当すべきでない		33.2	4
5　育児期間中の女性は重要な仕事を担当すべきでない		33.8	5	5　女性は結婚によって、経済的に安定を得る方が良い		27.2	－
6　女性はか弱い存在なので、守られなければならない		33.1	－	6　女性はか弱い存在なので、守られなければならない		23.4	－
7　男性は結婚して家庭をもって一人前だ		30.4	7	7　共働きでも男性は家庭よりも仕事を優先するべきだ		21.6	5
8　男性は人前で泣くべきではない		28.9	6	8　デートや食事のお金は男性が負担すべきだ		21.5	10
9　女性は結婚によって、経済的に安定を得る方が良い		28.6	－	9　組織のリーダーは男性の方が向いている		20.9	8
10　共働きでも男性は家庭よりも仕事を優先するべきだ		28.4	8	9　大きな商談や大事な交渉事は男性がやる方がいい		20.9	8
11　家事・育児は女性がするべきだ		27.3	9	11　家事・育児は女性がするべきだ		20.7	7
14　家を継ぐのは男性であるべきだ		25.4	10	12　共働きで子どもの具合が悪くなった時、母親が看病するべきだ		20.3	6

　男女差で見えるアンコンシャス・バイアスとして，

●性別役割意識は男性が強い一方で，直接言われた・言動や態度から感じた
「経験」は女性の方が多い

●男性は女性と比べて性別に基づく役割を言われた，あるいは言動や態度で間
接的に接した「経験」は少なく，伝統的な役割感に自身がとらわれているこ
とに気づいていない可能性がうかがえる

と総括しています。

　この総括で重要なのは，「伝統的な役割感に自身がとらわれていることに気
づいていない可能性がうかがえる」という箇所です。（下線筆者）

　障害者雇用におけるアンコンシャス・バイアスには次のようなものがあるで
しょう。

57

・障害のある人はコミュニケーション能力が低い

・障害があるのにコミュニケーション能力が高い

・障害のある人は接客には向いていない

・障害があるのに接客ができる

・障害者社員の給料はその他の人に比べて低くて当然だ

・障害があるから，補助的な業務を希望するはずだ

・知的障害者には，図がたくさんあるマニュアルが必要だ

挙げて行けばきりがないですがこのような「思い込み」には，そう思っている人の過去の経験や価値観などが深く関係しています。そして，その思い込みに本人が気付いていないことも多くあります。

「障害があるのにコミュニケーション能力が高い」という思い込みや，「障害があるのに接客ができる」という思い込みには，「障害がある人はコミュニケーション能力が低い（低いはずだ）」という思い込みがあるのではないでしょうか。

　障害があるといっても，障害の種別や程度等によって様々で，コミュニケーションが苦手な人もいれば，得意な人もいます。

　アンコンシャス・バイアスは誰にでもあることで，あることが悪いことではありません。大切なのは，自分の思考のクセを理解しておくことです。

(2)　心理的安全性

　最近は，職場の心理的安全性に関心が高まっています。

　心理的安全性とは，個人が自己を表現する際に否定されることなく，意見を言える職場環境のことを指します。

2章　採用業務前の準備

　エイミー・エドモンドソン教授によって1999年に提唱されたこの概念は，「チームメンバーが失敗を恐れずに意見やアイディアを共有し，質問を投げかけ，間違いを開示できる環境」のことです。

　心理的安全性が注目される背景には，以下の3点が考えられます。

① Googleのアリストテレスプロジェクトによる検証

　Googleが2012年に行った内部研究である「プロジェクト・アリストテレス」によって，心理的安全性が高いチームは良い成果を上げ，創造性やイノベーションが促進されることが示されました。

② イノベーションの必要性の高まり

　VUCAの時代（**図表2-5**）と言われる現代では，ビジネスでの競争環境が激化し，革新的なアイディアやソリューションが求められています。心理的安全性を確保することで，従業員は新しいアイディアを提案しやすくなり，企業は持続的な競争優位を維持することができます。

図表2-5　VUCAの時代

Volatility （変動性）	事態が予測不能な速度で変化する状況
Uncertainty（不確実性）	未来の出来事やその影響が不確実で、予測困難である状況
Complexity（複雑性）	複数の要因が絡み合い、個々の影響が予測しにくい状況
Ambiguity（曖昧性）	情報の不完全さや矛盾により事象の真意が不明確な状況

③ ダイバーシティ＆インクルージョンの重要性の増大

　アメリカのように多様なバックグラウンドを持つ従業員からの貢献を引き出すためには，自分の意見を自由に表現できる環境が必要です。心理的安全性が高い職場は多様な意見や視点が尊重され活用されるために，インクルーシブな（Inclusive：包摂的な）職場環境が形成されます。

(3) 心理的安全性と障害特性

　私が前職の現場や実際に障害者雇用をしている企業の職場で感じていたことは，心理的安全性が障害者雇用にもたらす影響の大きさです。心理的安全性が担保されていると，障害特性（その障害による特有の性質）は出にくくなります。

　障害を持つ社員は，いつも不安です。上司の指示を正確に理解できただろうか，何度も確認したがミスはないだろうか，私の一言が相手の気分を害してはいないだろうか，今日は調子が悪いけど1日持つだろうかなど，頭の中は不安だらけです。

　不安で頭の中が満たされていると，その不安が邪魔をして業務のことに集中できる状況ではなくなります。

　「あれ・それ・これ」という曖昧な指示ではなく，マニュアルに基づいた具体的な指示，曖昧な役割分担ではなくあらかじめ決められた明確な役割分担，感情的な叱責ではなくミスの原因と再発防止策の検討，社員が察して動くのではなく明文化された明確なルールの提示，同調圧力ではなく個の尊重など，障害のある社員の不安を1つひとつ取り除いていけば，業務を考える余裕が出てきます。

　職場の心理的安全性を高める効果的な方法はいくつかありますが，ここでは2つお話します。

2章　採用業務前の準備

　1つ目は，社員の顔を見て朝夕の挨拶をすることです。事務室でパソコン作業などをしていると，「おはようございます」「お疲れさまです」と挨拶されてもキーボードを叩く手を止めず，パソコンの画面から目を離さずに返事をしてしまいがちです。

　こういうときは，キーボードを叩く手を止めて画面から目を離して挨拶をしている障害者社員の顔を見ながら，「○○さん，おはよう」「○○さん，お疲れさま」と返事をしてください。

　相手の顔を見ながら返事をすることは，私はあなたをきちんと認識していますよ，あなたの存在を感じていますよ，という無言のメッセージだからです。このときに相手の名前を付けることで，私の気持ちは今あなたに向いていますよというメッセージも追加されることになります。こちらから率先して挨拶をすれば，その効果はもっと高くなります。

　時間にしてほんの数秒のことですが，これを行うことによって障害者社員は「私はここに居て良いんだ」「ここに居ることを許されているんだ」という感覚を持つことができます。

　この職場が自分の居場所だと感じられることが心理的安全性を感じる第一歩となります。

　2つ目は，声掛けをすることです。事務室内や廊下ですれ違うときに，「どう，元気？」「頑張ってるね」などと声をかけてください。多くの場合は，「ええ」「はい」くらいの返事しかないと思いますが，それで十分です。声掛けは，私はあなたに関心を持っていますよというメッセージです。

　声掛けをしたときの返事や表情で障害者社員の心身の状態を把握できるときもあります。また，何か相談したいなと思っていれば，「ちょっといいですか」などと返してくることもあります。そのときは，時間を取って話を聞いてください。不安や疑問を早期に把握してアドバイスをすることは心身の安定に大きな効果をもたらしますし，普段から声掛けをしていれば，この人は話しやすい

61

人だなと認識してもらえます。

　このような不安の少ない職場は，障害のある社員ばかりではなく，新卒入社や中途入社の社員，パートの社員も働きやすい職場になるはずです。

図表 2-6　障害者社員の不安

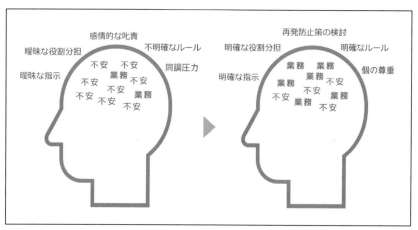

(4) 合理的配慮とは

　障害者権利条約の日本政府公定訳第 2 条「合理的配慮」には次のような記載があります。

> 合理的配慮とは障害者が他の者と平等にすべての人権及び基本的自由を享有し，又は行使することを確保するための必要かつ適当な変更及び調整であって，特定の場合において必要とされるものであり，かつ，均衡を失した又は過度の負担を課さないものをいう。

　これを受けて，障害者雇用促進法の第36条の 3 にも，

> 事業主は，障害者である労働者について，障害者でない労働者との均等な待遇の

2章　採用業務前の準備

> 確保又は障害者である労働者の有する能力の有効な発揮の支障となっている事情を改善するため、その雇用する障害者である労働者の障害の特性に配慮した職務の円滑な遂行に必要な施設の整備、援助を行う者の配置その他の必要な措置を講じなければならない。ただし、事業主に対して過重な負担を及ぼすこととなるときは、この限りでない。

と規定されています。

「過度の（過重な）負担」とはどのような負担を指しているのでしょうか。

その負担が過度かそうでないかは、個々の状況によって異なってきます。例えば、賃貸のオフィスで、テナントの一存で車椅子のためのスロープを設けることができないとか、小さなエレベーターしかなく車椅子が入れるようにする場合には大規模な工事が必要になるなどが考えられます。

障害者社員に対する合理的配慮の提供は2024年4月からそれまでの官公庁に加えて民間企業も義務となりました。

自社で円滑な対応ができるように、主な合理的配慮の具体例を確認し、個々の場面ごとに柔軟に対応を検討することが求められています。

①　平等と公平・公正

合理的配慮の考え方の根本は、公平・公正です。

図表2-7をご覧ください。人垣の後ろにゾウを見たい子供連れの3人家族がいます。平等の考え方に従うと、全員に同じ高さの踏み台が与えられます。でもこれだと3人のうち一番背の低い子供は、人垣に阻まれてゾウを見ることができません。

一方、公正・公平の考え方では、ゾウを見られるようにそれぞれの背の高さに応じた踏み台が配られます。これなら、先ほどゾウを見られなかった一番背の低い子供もゾウを見ることができます。

ゾウを見るという目的のために，それぞれ背の高さが違う（スタートラインが違う）家族に高さの違う踏み台を与える。これが合理的配慮の考え方です。

図表 2-7　平等と公平・公正

② 合理的配慮は思いやりか

　合理的配慮についてお話しすると，時々「なぜ障害者社員にだけ配慮しなければならないのか」と質問されることがあります。ご質問をされた方の頭に描く「配慮」とは，「事情を踏まえて，気遣いのこもった取り計らいをすること」（実用日本語表現辞典）というニュアンスに近いものをイメージしていて，気遣いや特別扱いという意味合いが強く頭に残っているのではないかと思います。

　先ほどお話した障害者権利条約の原文では，合理的配慮は「Reasonable accommodation」と表記されています。

　「reasonable」は合理的・妥当，「accommodation」は宿泊設備・便宜・適

2章　採用業務前の準備

応・調和などの意味があります。直訳風に言い換えると「合理的な調整」となります。こちらの直訳ですと単なる気遣いや特別扱いとの意味合いはかなり薄まるのではないでしょうか。

　もちろん職場内での気遣いは大切ですが，障害者雇用で使われる「合理的配慮」は，「合理的措置」と考えていただければ，理解しやすいと思います。

図表 2-8　合理的配慮は思いやりか

③　合理的配慮の先にあるもの

　合理的配慮は障害者権利条約の社会モデルに基づいた考え方です。したがって，個別の配慮事項を考える場合には「どのような措置をすればその人が職場で活躍できるか」という視点が必要です。

　ということは，合理的配慮をした後は障害のない社員とイコールコンディションなので，障害のある社員にも活躍してもらわなければなりません。

　会社で働くということは，従業員と会社の間で雇用契約を締結し，従業員は一定の条件で労働を提供する義務を負い，会社は従業員の安全に配慮しつつ対価（賃金）を払うことを約束した契約行為です。

　厚生労働省の「合理的配慮指針」の前文には，合理的配慮とは「雇用の分野における障害者と障害者でない者との均等な機会若しくは待遇の確保又は障害

者である労働者の有する能力の有効な発揮の支障となっている事情を改善するために事業主が講ずべき措置」と記載されています。

合理的配慮を行うことは，障害者社員に均等な機会や待遇を提供し，その能力を発揮してもらうことにつながります。

④ 合理的配慮の具体例

2024年3月に厚生労働省が発表した「令和5年度障害者雇用実態調査」によると，障害者社員への主な配慮事項として
- 休養への配慮（休暇取得，勤務時間中の休憩など）
- 勤務時間の配慮（短時間勤務など）
- 雇用管理上の配慮（通院，服薬など）

図表2-9　障害社員への配慮事項

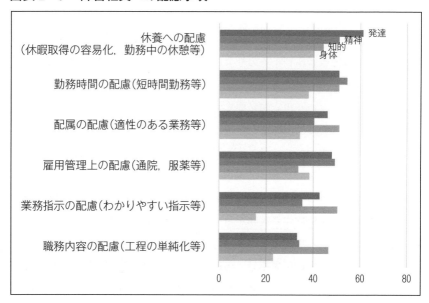

2章　採用業務前の準備

- 業務指示の配慮（わかりやすい指示など）
- 配属の配慮（適性のある業務など）

が挙げられています。

　合理的配慮は個々の障害者社員の特性と業務内容などの組み合わせによって
千差万別ですが，私のこれまでの業務経験や支援した企業で障害者社員から依
頼や相談のあった代表的な配慮事項を中心に具体例を上げてみます。

業務指示はシングルタスクで（マルチタスクの回避）	業務指示は1つずつ行う。途中で新たなタスクを依頼しない。
業務指示は具体的に	あれ・それ・これといった曖昧表現や抽象的な表現は使わない。マニュアルがある場合は，マニュアルに基づいて具体的な指示を行う。
業務予定の事前告知	臨機応変な対応が苦手なので，その日の具体的な業務は，朝礼で指示する。 月単位のシフト表を作って，事前に業務内容をある程度把握できるようにする。
業務指示時のメモ時間の確保	発達障害のうち，注意欠如・多動症（ADHD）の社員に多かった配慮事項。ワーキングメモリー（短期記憶）の不足により忘れやすいため。
小休憩の実施	発達障害のうち，注意欠如・多動症（ADHD）や自閉スペクトラム症（ASD）の社員に多い配慮事項。就業規則上の昼食時の休憩とは別に，作業時に1時間に1回，5分から10分程度の小休憩を実施。自閉スペクトラム症の過集中や注意欠如・多動症の集中力低下に対応するもの。

休憩時間は一人で過ごす	精神障害・発達障害の社員に多い配慮事項。相手の気持が理解しづらい，大勢の中だと話し手の声に集中して聞き取るのが苦手などの理由でコミュニケーションに課題を抱える社員からの要望。
電話対応の回避	精神障害・発達障害の社員に多い配慮事項。電話の声を聞き，同時にメモを取り，指定する相手に電話を転送するなどの行為はマルチタスクに当たる。また，指定する相手がいない場合に適切な社員に転送するような臨機応変の対応は最も苦手とするところ。

また採用面接で行う代表的な合理的配慮には，以下のものがあります。

支援員の同席	障害福祉施設に通所している応募者の場合はその施設の支援員の同席を認める。
メモを見ながらの回答	応募者が極度の緊張で話せない場合もあるため，事前に用意したメモを見ながらの面接を許可する。大切なのは，採用面接でいかに応募者と有効なコミュニケーションを取れるかという観点からの配慮。

なお，合理的配慮は，ケースバイケースです。そのため，より多くの事例から他社ではどのように対応しているのかを調べられるサイトがあります。

※障害者雇用リファレンスサービス
　（独立行政法人高齢・障害・求職者支援機構）
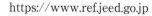
　https://www.ref.jeed.go.jp

積極的な取組みを行っている企業のモデル事例や合理的配慮事例を紹介しています。業種・障害種類・従業員規模などでの検索が可能です。

2章　採用業務前の準備

＊合理的配慮等具体例データ集
（内閣府）

https://www.8.cao.go.jp/shougai/suishin/jirei/

合理的配慮事例や事前改善措置・環境整備の事例を紹介しています。障害種類・生活シーンでの検索が可能です。

(5) 社内研修の実施

　社内理解を促進し、障害者社員を受け入れるための社内研修を実施します。
　カリキュラムに決まりはありませんので、自社の状況に合わせて障害特性に関する内容や接し方、合理的配慮の理解などに加えて、アンコンシャス・バイアス、心理的安全性などを研修テーマとしたカリキュラムを構成します。社内研修の内容や開催する回数は、企業規模や障害者雇用の経験の有無等によって企業ごとに大きく変わるものです。自社の状況に合わせてカスタマイズすることが大切です。

① 研修の実施方法

　社内研修は、十分な時間を取って数回に分けて実施できるのが理想的です。ただし、多くの会社や職場にはそのような時間的な余裕はないと思いますので、60分〜90分程度の研修時間とすることが多いように感じます。
　研修の受講者も、管理職層とそれ以外といった階層別に開催することもあれば、複数の職場を集めて複数回実施するなど、様々な形態があります。

　階層別研修は、障害者雇用を初めて行う企業や障害者社員の雇用数が少ない企業が、全社的に障害と障害者雇用に関する共通認識を醸成するのに有効です。この場合は社内の指揮命令系統に沿うように、経営層➡管理職層➡一般社員層という順番で行うと共通認識の醸成により高い効果があります。

部署別研修は，障害者社員がすでに複数名いるような企業で，障害者社員が在籍している部署，在籍していない部署で研修内容を調整するときに有効です。
　障害者社員が在籍している部署では，その社員の特性を加味した研修内容にカスタマイズするとより効果が上がります。障害者社員が在籍していない部署では，汎用的な内容とすることで障害者社員の将来的な配属に備える内容とすることも考えられます。
　また，部署別研修は一般的な研修とは別に，新たに障害者社員が配属される部署に対して，配属される社員の障害特性に合わせて配属直前に個別に行うことも大変有効です。

図表2-10　研修実施方法

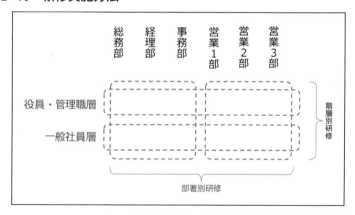

② **研修内容**
　研修のカリキュラムに決まりはないと申し上げましたが，階層別研修や部署別研修を行うときに必ず組み込んでいただきたい内容があります。
　それは，雇用方針の再確認です。障害者雇用を何のために行い，何を実現したいのかを社員全員に徹底することが必要です。ここが曖昧になると，研修の

2章　採用業務前の準備

効果が上がらないばかりか反発さえも生み出すことになります。

　障害者雇用の「やり方」を習得する前に，企業として障害者雇用の「あり方」を認識することが重要なのです。

　一般的に，新たな施策を実施する場合は社員のベクトルを合わせることが大切です。障害者雇用でもその大切さは変わりません。

　研修の講師は，人事担当者が行うことも考えられますが，専門的な内容を含むために社外の専門家に依頼したほうがよいでしょう。ハローワークや人事系のコンサルタントなどに相談すれば，適切な人材を紹介してくれるでしょう。

　このときも，自社の雇用方針は社長や人事担当役員が説明することで，研修の意義や意味の理解が深まります。

　カリキュラムの例をご説明します。経営層・管理職層研修では，企業として障害者雇用をどのように推進するのかに重点を置いた内容とします。身体・知的・精神などの障害種別や個別の対応方法についても学ぶ内容としていますが，重点は自社の経営戦略における障害者雇用の位置付けを理解することにあります。

【経営層・管理職層研修の例】

研修の目的	障害者雇用に関する法制度の理解や，企業の社会的責任，D&I，SDGsの観点からみた障害者雇用に対する理解の促進
研修カリキュラム例	○雇用方針（経営理念やビジョンと障害者雇用の関わり）の確認 ○障害者雇用促進法の概要，障害者雇用率制度 ○日本の障害者雇用状況の推移 ○D&IやSDGsからみた障害者雇用

71

	○外部機関との連携と社内の支援体制の構築
	○障害種別やその障害特性
	○職場での具体的な対応方法

　一般社員層研修では，障害者雇用に関する法制度を理解しつつ，職場で具体的にどのような対応をしたらよいのか，業務指示の仕方や声掛けの方法などより実践的な内容とします。

【一般社員層研修の例】

研修の目的	障害者雇用に関する法制度の理解や，障害者雇用に対する理解の促進
研修カリキュラム例	○雇用方針（経営理念やビジョンと障害者雇用の関わり）の確認 ○障害者雇用率制度 ○日本の障害者雇用状況の推移 ○社内の支援体制 ○障害種別やその障害特性 ○職場での具体的な対応方法

④ 障害者の職場実習を受け入れる

　障害者雇用を行ったことがない企業や障害者社員が配属されたことのない部署では，障害のある人の職場実習を行うことで「障害のある人とともに働くこと」について体感することができます。

　座学で障害や障害者雇用についての知識を得ることは大切ですが，障害のある人と一緒に働くことで，障害に関する理解や障害のある人への接し方がわか

2章　採用業務前の準備

るようになります。

　職場実習を行う際は，次のことを事前に決めましょう。

(1)　実習実施の相談と依頼

　職場実習を行う際はあらかじめハローワークや就労移行支援事業所などに相談してください。

　実習の実施にあたっては，従業員の中から「実習担当者」の専任が必要となります。また，実習対象者ごとに「職場実習実施計画書」の作成が必要になります。

(2)　実習期間

　職場実習の期間は，実習に参加する障害者も受け入れる側の職場もお互いがある程度わかるようになるための期間として，5営業日くらいの日数があるとよいと思います。

　ある支援機関では土曜日と日曜日を間に挟んだ5営業日を推奨しています。実習期間に休業日が入ることによって，実習生が出勤による緊張と休業日のリラックスを体験することとなり，より実際の勤務に近い状況を作り出せます。

(3)　実習で行う業務

　実習中の業務は，実際の業務を行わせるか実際の業務とよく似た業務を行わせるか，実習を実施する各社の判断によります。また，セキュリティ保持のために

　　・使用するパソコンや社内システムにセキュリティ制限を設定する

　　・実習対象者から機密保持誓約書を取り付ける

　　・ダミーデータなどで模擬的な業務を行う

などの対応が考えられます。

73

⑷　**実習中の怪我や物品の破損などへの対応**

　実習期間中の本人の怪我や，第三者の怪我や物品の破損に関しては，実習生を派遣する就労移行支援事業所などが保険に加入しています。

　実習中の実習対象者の管理監督は，実習対象者が利用している就労移行支援事業所の担当者と連携して行うことになります。

⑸　**実習の振り返り**

　実習終了後には，実習に関わった社員，就労支援機関等の支援員，実習生本人の三者で振返りを行ってください。振り返りでは，実習の実施企業として，
　　・受け入れた職場の社員の変化
　　・実際の雇用に向けて想定できる業務の検討
　　・障害のある人に対する対応方法
などを確認することで，今後の障害者雇用に活かしていくことができます。

⑹　**その他の注意事項**

　職場実習は雇用ではないので賃金の支払いは不要です。

　ハローワークによる紹介状発行日前に，「選考を目的とした」職場実習を行うことはできません。助成金の不支給要件に抵触することもあります。

⑤　支援者をつくる

　自分を支援してくれる人が多いほど，困難に突き当たったときに具体的な克服方法を教えてくれたり，そのような知識を持っている人を紹介してくれたり，元気づけたりしてもらえることが多くなります。

　障害者雇用でも，サポーターの存在は安定的な雇用のために欠かせません。

2章　採用業務前の準備

(1) 精神発達障害者しごとサポーター

精神障害者や発達障害者の就職が増加していますが，職場定着は必ずしも順調ではありません。

障害があっても，その特性を踏まえて共に働ける職場を実現するために，精神障害や発達障害についての正しい知識と理解を持って，精神障害者や発達障害者を温かく見守り支援する「応援者」が精神発達障害者しごとサポーターです。厚生労働省が開催する2時間程度の養成講座を受講するか，eラーニングを受講することによって，精神障害や発達障害の基本的な知識と職場での対応方法を習得できます。また，精神発達障害者しごとサポーターに認定されます。

(2) 企業在籍型ジョブコーチ

障害者社員の職場適応に課題がある場合に，障害特性を踏まえた支援を行い，障害者社員の職場適応を図る専門家が，ジョブコーチです。

ジョブコーチには，配置型ジョブコーチ，訪問型ジョブコーチと企業在籍型ジョブコーチの3種類があります。

配置型ジョブコーチは地域障害者職業センターに配置され，就職等の困難性の高い障害のある人を重点的に支援します。また，訪問型ジョブコーチは，障害者の就労支援を行う社会福祉法人等に雇用されているジョブコーチです。

企業在籍型ジョブコーチは，社員が研修を受講するもので，職務の遂行や社内コミュニケーション，体調や生活リズムの管理に関する支援を行い，自社の障害者社員の安定的な雇用を実現させる目的があります。

(3) サポーター

障害者雇用においても，社内の各部署に障害者社員に業務指示を出す担当の社員とは別に「サポーター」がいれば，障害者社員への安心感が高まります。

1つ例を挙げます。昭和電工株式会社と昭和電工マテリアルズ株式会社が統

合して2023年に誕生した株式会社レゾナックは，2020年に障害のある人の社会参加の促進を目的とした「The Valuable 500」に参画しました。The Valuable 500は世界の10億人の障害のある人やその家族や友人をあわせた13兆ドルの購買力に注目して，福祉という観点ではなく障害者雇用の経済性を意識して障害のある人の社会的包摂を促進している運動です。

同社では，The Valuable 500に関する冊子を配布するとともに，これに賛同する社員向けのワークショップを開催し，サポーターを集めました。賛同を表明してもらうために，サポーターにはステッカーを配布してパソコンなどに貼ってもらっています。当初500人を目標としていましたが，7,500人を超えているそうです（2023年9月　同社ホームページより引用抜粋：https://www.resonac.com/jp/corporate/resonac-now/20230929-2664.html）。

私は前職時に，ほぼ毎月1回の頻度で社内理解促進のために障害者雇用に関する情報を発信していました。

そこで驚いたのは，「障害のある親戚がいるので，いつも興味深く読んでいます」などのように，自身は障害がなくても家族や親族，友人に障害のある人がいる社員の関心が非常に高かったことです。

日本の人口の9.2%の方が何らかの障害を持っています（令和6年度障害者白書より）。会社に勤務している社員は18歳前後から65歳くらいまでとするとある会社の9.2%の社員の方が障害者であるということではもちろんありませんが，一定の人数の社員が障害を持っていることとなります。そして，その家族や親族，友人は「潜在的なサポーター」と考えることもできます。

(4)　支援機関との連携
障害者雇用を行うときは自社ですべてを行うことを考えず，積極的に外部資

2章　採用業務前の準備

源を利用して，専門家のアドバイスを積極的に聞いて実務に取り入れることが
必要です。外部資源には次のものがあります。

ハローワーク	障害者の就職活動を支援するため，障害について専門的な知識を持つ職員・相談員を配置し，仕事に関する情報の提供，就職に関する相談へ対応する機関です（ハローワークインターネットサービス「障害のある皆様へ」より）。障害者のための求人のほか，企業に対する個別の障害者に合った求人の提出の依頼，合同就職説明会の開催，採用面接への同行なども行っています。
就労移行 支援事業所	企業への就職のために必要な指導や支援，企業での実習などを行います。通所している障害者自身の障害特性の理解促進のためのプログラムや生活指導も合わせて行います。就職活動では，面接のためのトレーニングや採用面接への動向，就職後の定着支援（就職後6か月間）を行います。
地域障害者職業 センター	障害者の自立した雇用を支援するために設置されています。雇用している障害者社員の職場適応に関する助言や指導，企業に対する障害者社員の雇用管理に関する助言や援助，職場適応援助者（ジョブコーチ）の養成や研修を行っています。
ジョブコーチ （職場適応援助者）	障害者社員の職場適応に課題がある場合に，職場に出向いて，障害特性を踏まえた支援を行う専門人材です。事業主・上司や同僚，障害者本人とその家族に対する支援を行います。地域障害者職業センターから派遣されますが，研修を受講すれば自社の社員をジョブコーチとして支援を内製化することもできます。
障害者就業・ 生活支援センター	"なかぽつ"や"しゅうぽつ"と呼ばれています。障害者の就職と日常生活の相談に応じ一体的に支援しています。運営は，都道府県知事の指定を受けて，一般社団法人や社会福祉法人が行っています。

| | 企業は障害者社員の生活にまで踏み込むことは難しいので，就労上の課題の原因が生活面にあると思われる場合は，障害者就業・生活支援センターを活用するとよいでしょう。|

図表2-11　ジョブコーチの支援内容

　障害者雇用では，障害者雇用のフェーズごとに活用できる支援機関が異なります。それぞれの機関の特徴を理解して，フェーズに合った支援機関を活用することが望まれます。

　実務上でわからないことがあれば，ハローワークか，障害者雇用に詳しいコンサルタントに問い合わせてみてください。

2章　採用業務前の準備

図表 2 -12　支援機関の主な機能

ハローワーク	採用計画策定支援、求人票の受付、合同面接会の開催
地域障害者支援センター	障害者雇用に関する啓蒙、雇用管理に関する相談対応
ジョブコーチ（職場適応援助者）	相談対応、雇用管理に関する相談対応
障害者就業・生活支援センター	見学会の実施、企業での実習、雇用管理に関する相談対応
就労移行支援事業所	企業見学会の開催、企業での実習、就職後の定着面談

```
コラム②
NPO法人イーハトーブとりもと　～だめでも半年待てばいい～
```

　岩手県宮古市のNPO法人イーハトーブとりもとは，障害のある人を雇用する「就労継続支援Ａ型事業所」に分類されます。現時点では企業への就労が難しいものの，一定の支援があれば働くことができる人を対象とした福祉サービスを展開しています。職員と13名の障害のあるスタッフを合わせて20名がここで働いています。雇用契約を結ぶので，スタッフには最低賃金の規定が適用されます。

　イーハトーブとりもとでは，やきとり店とレトルトカレーの工場を運営しています。私が同NPO法人を訪問した前日は店を休業にして，全員でカレーの材料となる玉ねぎとニンニクの収穫作業をしていました。同NPO法人では震災の前年の2010年から約1,000坪の遊休農地を借りて，玉ねぎとニンニクを無農薬有機栽培で作っています。

　食材は宮古で採れたもの，宮古で育った物をカレーに使い，やきとり店で出す食材も宮古産にこだわっています。

　以前はやきとりとカレーの２店舗を経営していましたが，人口減と新型コロナウィルス禍が追い打ちとなりました。コロナ禍が去っても客足が回復しないため，カレー店を閉じてレトルト食品工場にしました。

小幡　勉氏

2章　採用業務前の準備

　レトルト食品は，日本に限らず海外でも売れます。最近では，炊き込みご飯がニューヨークのパークアベニューで売られるようになりました。
「良い物を作りたいし，障害のある人にやりがいのある仕事を提供したい」
　付加価値を高めるために食材の栽培と加工，販売と6次産業化を進めています。

　代表者の小幡氏と障害のある人との出会いは，経営するやきとり店の常連だった養護施設（当時）の責任者の一言だったそうです。
「うちに若いのがいるんだけど，何か実習させてもらえないか」
　知的障害者と聞いて，そういう人だったらやきとりを出すのには向いているのかなと思って，「いいですよ」の一言で，小幡氏は3人の実習生を引き受けたのでした。
　ですが，実習生に串打ちの作業を教えてもできません。肉を刺してネギ，肉，ネギという手順があり，肉の真ん中に串を打つには，作業ノウハウがあるのですがうまくできなかったのです。長いあいだ手に持っているから，体温で肉が使い物にならなくなってしまいました。一方で，実習生は作業の休憩時間におやつを食べたりして，本人たちは楽しそうに作業をしています。
「半年ぐらい経った時に，1人が『やきとりの山』を作っていたんですよ」
　普通の人だったら，10分から15分もすれば習得できる作業に半年かかりました。でも本人たちには，食材をきちんと刺そうと努力する気持ちがあったことに小幡氏は気づきました。

「彼らも努力しているんだな」
　残り2人も間を置かずしてできるようになりました。

81

私の目の前で焼き鳥を焼いているスタッフも上手に焼けるまでには6年くらいかかったそうです。

　焼いてすぐに食べるときには，こんがりきつね色に焼けたのが美味しい焼き鳥もレトルト食品として販売する場合は，少し焦げ目がついたほうが美味しく見えます。だから焼きすぎても問題はありません。一部が中まで火が通っていなくてもレトルト食品にする工程で加熱殺菌するので，安全性や品質には何の問題も生じません。レトルト食品に加工することで，食材のロスが少なく，加工のばらつきもカバーでき，作業の訓練にもなります。

　人を育てる仕組みを考えることが私の責任だと小幡氏は言います。

　「みんなで知恵を出し合う，知識やノウハウのある方を訪ねて情報を集める，そういうことをして彼らの仕事を作るのが私の仕事です」

　小幡氏がカレー店を開店したのは，努力する気持ちのある若者に応えたかったからでした。カレー店の開店と同時に自宅から通えない3人のスタッフのために寮も用意しました。生活の場がきちんとしていなくては，いい仕事はできないというのが，小幡氏の考え方です。

　開設当初は寮長が1人，スタッフが3名。今はインド人のシェフが寮長も兼任しています。落ち着いて生活できる場所を提供して，自分の部屋も片付けさせ，服装にも気を使うように指導しています。

　「仕事はきちんとやってもらうんですけど，遊ぶことも大事だと僕は思っているんだよ」

　遊ぶこととか趣味を持つことはとても知的な行動だと小幡氏は言います。遊びの中でいろんな体験をして人間性を高めていく，経験の幅を広げることで人生が楽しくなるし，もちろん仕事も楽しくなります。

　小幡氏はイーハトーブとりもとに入ってきたスタッフには，まず100万円を貯めるように指導しています。100万円を貯めるとそこからさらに増えていっ

2章　採用業務前の準備

て，いまでは1,000万円を貯めた人もいます。オートバイの免許を取って最初は中型のバイクを買ったが，その後大型の免許を取って現金でハーレーダビッドソンを買ったスタッフもいました。

　小幡氏は，東京都目黒区の出身です。30歳のとき「ゆっくり暮らしたくなって」奥様と一緒に縁もゆかりもなかった宮古市にきました。ご夫婦には子供がいないので，障害のあるスタッフが子供のように可愛いんですね，と言われることがあるそうですが，小幡氏はそうは思っていません。

　雇用しているから経営者としての責任があります。トラブルに巻き込まれないかと心配にもなりますが，その思いは障害のないスタッフに向けられるものと同じです。最初に実習生として受け入れた3名にも，山の中の施設から路線バスで店舗に来させることが条件でした。「だってみんな自家用車やバスで通勤しているじゃない。それと一緒だよ」小幡氏の視線は障害の有無で変わることはありません。

　「障害のある人は特別な人間じゃないよ」

　この言葉が私の心に深く刻まれました。

NPO法人イーハトーブとりもと 概要
代表者　小幡　勉
所在地　岩手県宮古市
スタッフ 20名（うち障害者13名）
事業内容 とりもと（焼き鳥店）運営、
レトルト食品加工・販売

3章

自社に合った人材を知る

本章では，障害者社員が担当する業務の決め方や，応募者への訴求力の高い求人票の作り方，採用面接の方法や留意点，採否の判断基準の設け方など，採用業務に関する具体的な方法をお話します。

① 担当業務と人材要件

採用活動の中で人材要件を設定することは，非常に重要です。

多くの企業が，採用では，スキル・人柄・行動特性や労働条件をあらかじめ設定して，効率的な採用活動と優秀な人材獲得を目指しているのではないでしょうか。

しかし，障害者社員の採用ではこの人材要件の設定が甘い，または全く設定せずに採用活動を行っている例が散見されます。

ある企業の担当者との面談の際に人材要件をお聞きしたところ，その担当者からは「身体障害者」という答えだけが返ってきました。

実は，これはまだよいほうで，「障害者手帳を持っていれば誰でもいい」との答えが返ってきたこともありました。法定雇用率を満たすことが最優先なので，このような答えになったのでしょうか。

私はこのようなときは，次の質問をします。

「例えば御社の業務はジリ貧傾向で，販路開拓のためにアメリカに駐在員事務所を設置することにしたとしましょう。ただ，予算的にあまり余裕はないので，日本人社員一人のみを駐在させることとなったなら，採用する人物の人材要件で重要と思うものは何でしょうか」

そうすると，多くの方が英語での会話能力を人材要件として挙げます。

障害者社員を雇用するときに，「誰でもいい」と言うのは，アメリカにたった一人で駐在する社員の英語力は不問と言っているのと同じことです。

では，どのようにして人材要件を決めればよいのでしょうか。

それは，担当業務を決めることです。その業務に必要なスキル・行動特性が

3章　自社に合った人材を知る

募集する人材の人材要件となります。

(1) **業務の棚卸**

　厚生労働省「令和5年度障害者雇用実態調査結果報告書」によると，障害のある人を雇用するに当たっての課題として，「会社内に適当な業務があるか」が，身体・知的・精神・発達の各障害種別でトップとなっています。

図表3-1　障害者雇用の課題

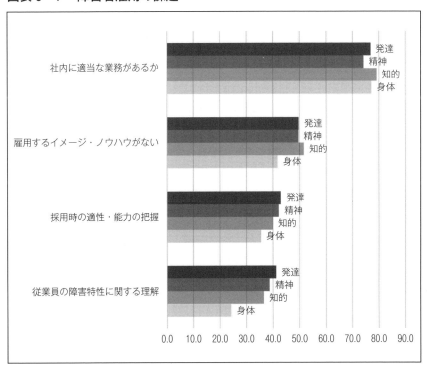

障害者社員が担当する業務を決めるためには，全社の業務の棚卸をすることが有効です。

　全社の業務の棚卸をすることによって，各部署で行っている類似業務が把握でき，本当は必要だけれどもなかなか実行できていない業務があぶり出されます。

　業務棚卸をする際に大切な着眼点があります。

　それは，「自分以外の誰かにやってほしい業務」を書き出すということです。

　障害者社員ができそうな業務を書き出すのではありません。

　残念ながら多くの企業が，障害者社員の担当する業務を決める（業務を切出す）ときに，障害者社員ができそうな業務を探しています。

　想像してみてください。人事担当者が障害者社員にしてほしい業務を探している（切り出そうとしている）ときに頭の中に浮かべている障害者社員のイメージと，業務を出す側の社員の頭の中に浮かべている障害者社員のイメージとは一緒ではないはずです。

　そして，棚卸は，可能な限りチームで行ってください。その際に，管理部門担当役員など広く社内の業務を知っている（社内に睨みが効く）人物をプロジェクトリーダーとしてください。業務切出しには，ある程度の強制力が必要となるからです。

3章　自社に合った人材を知る

図表3-2　担当業務の決定

業務棚卸には書式に従って各項目を書き出していきます（**図表3-3**）。

図表3-3　業務一覧表（書式）

| 業務分類 |||業務タイプ| 所要業務実施時間（単位：時間） |||年間業務時間|重要度|緊急度|
大分類	中分類	小分類		月	週	日			

項目説明

　大分類：業務の大きなかたまり

　中分類：業務の目的

小分類：時系列の業務手順

業務タイプ：中分類項目の業務タイプ

　　　①基幹業務（部署のミッション達成のために必要な業務）

　　　②管理業務（基幹業務に付随する管理的業務）

発生頻度：業務別の所要時間

年間業務時間：

　　　①日の場合は年間営業日245日で計算

　　　②週の場合は年間週数49週で計算

重要度：重要度高１・重要度低５

緊急度：緊急度高１・緊急度低５

⑵　担当業務の選定

　次に，全社の業務の棚卸で書き出された業務を分類していきます。

　繰り返しになりますが，ここで重要なのは，障害者社員が行う業務を選定するのではないということです。

　業務選定は，障害の有無に関係なく，「誰かにやってほしい業務」を選定し，その業務をどのようにしたら障害者社員が担当できるかという視点で決定していくプロセスです。

　「要・不要による分類→重要度・緊急度による分類→担当業務の決定」のプロセスを，ステップごとに具体的にみていきましょう。

3章 自社に合った人材を知る

図表3-4 担当業務の決定

① **要・不要による分類**

まずは，要・不要による分類です。

会社の業務内容の変更，組織体制の変更，会議体の変更など，様々な理由で会社の業務は変化していきます。それに伴って社内書式が変わったり，報告先が変わったりします。

時間をかけて作っていた書類が，本来の目的を失っているにもかかわらずそのまま作られ続け，社内で回覧され続けていることもあります。以前は必要な書類や報告書だったかもしれませんが，今はその目的をほとんど果たしていない報告書もあるかもしれません。業務棚卸は，不要業務を一掃する好機でもあります。

また，郵送物の発送や受取り・仕分けなどは，部署をまたいで統合できる代表的な業務です。名刺や印鑑の発注なども同じです。各部署で行っていた類似の業務を統合すれば，ある程度の分量になる場合もあります。

さらに，やらなければいけないと認識はしていても日常業務の忙しさに紛れて実施できていなかった業務もピックアップしてください。

図表3-5　重要度と緊急度による分類

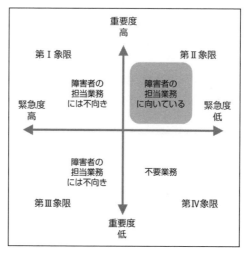

② 重要度と緊急度による分類

　業務棚卸の書式にマークした，重要度と緊急度の1〜5のマークに従って分類していきましょう。

　私が考える障害者社員の担当する業務に向いているのは，重要度：高・緊急度：低の第Ⅱ象限（**図表3-5**）の業務です。

③ 担当業務の決定

　繰り返しになりますが，業務を選定する時点で「障害者社員が担当する（できる）業務」に限定してしまうと，選定する人ごとに「障害者」の定義や思い浮かべる障害特性が異なるため，選定される業務の幅が狭くなります。

　誰かにやってほしい業務を選定し，その業務の中でどのようにしたら障害者社員が担当できるかを考えて，担当業務を決定していきましょう。

　そうして分類された業務の中で，比較的マニュアル化しやすい（手順を固定

3章　自社に合った人材を知る

しやすい）業務や工程をピックアップしていきます。

　ここで注意していただきたいのは，1つの業務の中にもマニュアル化しやすい工程とそうでない工程が混在しているということです。

　その業務を担当している社員から聞き取りを行うと，「この部分は臨機応変な対応が必要だから，障害者社員が担当する業務には向いていない」と言われることがあります。

　紙の書類のPDF化作業を例に考えてみましょう。この作業は，以下の3工程に分かれます。

図表3-6　書類のPDF化の工程例

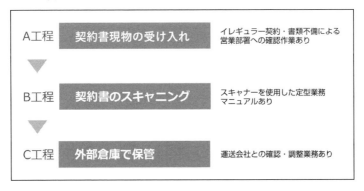

　A工程は，営業部署から紙の契約書の現物を受け入れる工程です。契約にはさまざまな形態があり，その形態ごとに必要な書類も違います。契約書の現物を管理部門に送る前に営業部門でも確認はしていますが，それでも抜け漏れがある場合もあります。管理部から営業部に確認するには内線電話やメールなどを使いますがパターン化しにくく，判断も必要になるため障害者社員が担当するのは難しそうです。

　B工程は，スキャナーでスキャニングする工程です。この工程は，スキャン

の手順が決まっており，イレギュラー処理も少ないため障害者社員がマニュアルを見ながら作業をするのに向いている工程です。

　C工程は，外部の倉庫に紙の契約書を預ける工程です。外部との連絡が必要で，倉庫業者側の業務量によって受け取りに来る日程を交渉しなければならず，障害者社員にはハードルが高そうです。

　このような場合は，障害者社員が担当できない工程があるために契約書のスキャニング作業をすべて任せられないと判断するのではなく，B工程のみを担当してもらうようにします。

　もっとも，A工程やC工程も業務のやり方を整理することによってある程度のパターン化が可能であれば，コミュニケーション能力の高い障害者社員に担当してもらうことも可能でしょう。この場合はルールを決めて，業務処理のパターンを少なくすることが必要です。

　このように，担当業務を検討する際は，1つの業務単位で考えるのではなく，工程単位に分解すると，障害者社員に任せられそうな業務が増えていきます。

　上記の，紙の書類のPDF化作業を例に担当業務を作り出す考え方を整理します。

ア）業務を集める

　営業部，支店などの各営業関連部署で行っている紙の契約書PDF化作業を集め，一定量のボリュームを確保します。

イ）業務を分化する

　その業務の工程の中に，非定型な対応が必要，外部との連絡の必要など障害者社員が担当するには課題の多い工程は，非障害者社員が担当します。

ウ）先送りをやめる

　紙の書類のPDF化作業が各営業関連部署で後回しになっていた場合は，障害者社員の担当業務としてピックアップします。

3章　自社に合った人材を知る

図表3-7　集める・分解する・先送りをやめる

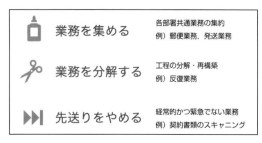

(3) 定型業務の例

定型業務には一般的に下記のものが考えられます。

図表3-8　定型業務の例

部門	業務例
事務	郵便物の仕分け，配送
	郵送物の封入・封緘，発送
	領収書の仕分け
	交通費・出張精算のチェック
	紙の文書（契約書等）のPDF化
	名刺の作成
	伝票などの各種書類のファイリング
	会議室のセッティング
	スタンプ押印
	文房具や備品の補充，発注
	データ入力

部門	業務例
現業	カートや買い物かごの整理
	店舗内外の清掃
	容器などの洗浄
	ごみの分別
	段ボールの組み立て・解体
	ラベル貼り
	器具や部品の洗浄

⑷　業務マニュアルの作成

　担当業務が決定したら，マニュアルを作ります。

　マニュアルは，もともと業務を実施していた部署で作成したものがあれば，それを流用します。

　すでにあったマニュアルの内容にもよりますが，前職での私の実務経験上は文章だけものが多かったので，理解しやすいように写真や図解を入れたものに作り直していました。

　障害者社員が業務を行う前に，業務指示をする非障害者社員（アドバイザー社員）が，障害者社員の視点で業務を実施してみます。

　多くの職場でもそうだと思いますが，業務マニュアルはその業務を理解している社員が作るので，手順の表記やなぜそのようにしなければならないかという理由が省略されていることが多々あります。アドバイザー社員が業務を行ってみて新たな視点で業務マニュアルを再構成することは意味があります。

　マニュアルの精度をどの程度まで上げるかが問題になりますが，これは実際に業務を担当する障害者社員も参加して精度を高めることをお勧めします。その理由は以下の２点です。

●業務を担当する障害者社員の障害特性にマニュアルの表記や記述の詳細度を
　合わせることが望ましいから。
●業務マニュアルの変更作業に障害者社員を参加させることによって，参画意
　識が醸成され，より主体的に業務を担当するようになるから。

　マニュアルの表記や記述の詳細度については，障害特性によっては作業の細部まで記述することにこだわりが強い社員や，文字ではなく写真や図解のほう

3章　自社に合った人材を知る

が理解しやすい社員もいるため，障害者社員にも参加してもらいます。

　また，マニュアルの変更作業に障害者社員を参画させることは，担当業務に責任感を持ち，業務品質の向上に関心が持ちやすくなるためです。

　マニュアルの詳細度やわかりやすさ，表記の方法に関しては，アドバイザー社員がチェックして他の業務との統一性も確保するようにしてください。

図表3-9　業務マニュアルの例（ローズリー資源）

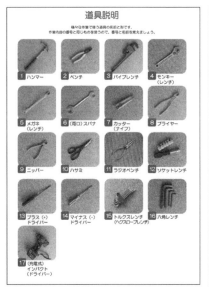

② 求人票の作成

　2章③（55頁）でもお伝えしたとおり，障害者社員の退職理由のトップ3は，1位：職場の雰囲気・人間関係，2位：賃金・労働条件に不満，3位：仕事内容が合わない，です。

1位については，2章でもその対策を解説しました。では，2位の賃金・労働条件や，3位の仕事内容のミスマッチはどのようにしたら防ぐことができるのでしょうか。

入社からある程度経った1～2年程度の比較的短期での退職は求人票の工夫で防ぐことができます。

(1) 担当する業務をイメージさせる表現

担当業務が決まれば，その業務を行うために必要な人材要件が決まります。これを求人票に落とし込んで，わかりやすく表現しましょう。

一般的に業務遂行には，以下の能力が必要とされています。

①コミュニケーション能力	他の人と効率的に意思疎通する能力。話す・聞く・書く。
②問題解決能力	問題を認識し，解決策を考え実行する能力。
③チームワーク	他の人と協力して共通の目標を達成する能力。
④時間管理能力	優先順位を決定し，効率的に時間を配分する能力。
⑤状況適応能力	変化する環境や状況に対応し，新しい状況に迅速に適応する能力。
⑥リーダーシップ	部下や後輩を指導し，モチベートする能力。
⑦技術的スキル	職種や業務に応じた特定の技術やツールを使いこなす能力。パソコンスキルなど。

このうち，障害者社員が担当する業務で必要とされるのは，1番目に⑦技術的スキル，次に③チームワーク，最後に①コミュニケーション能力ではないでしょうか。これを，求人票に表現していきます。

3章　自社に合った人材を知る

　障害者雇用に限りませんが，ハローワークのインターネットサービスなどで求人票を検索していて気づくのは，その表現では業務内容や職場の雰囲気，望んでいる人材像がわからない求人の多さです。
　業務内容欄に，「事務補助」や「一般事務」という記載と，代表的な仕事を複数書いている求人票がありますが，これでは今ひとつ自分が担当する業務内容がイメージできません。
　独立行政法人労働政策研究・研修機構の研究報告書によると，求人票で一番見られているところは，「仕事の内容」欄でした。

図表3-10　求人票で見られているところ

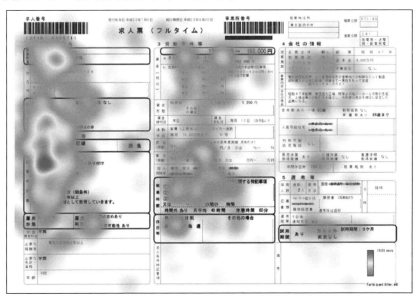

アミカケの濃いところほどよく見られている。最も見られているのは仕事の内容，2番目に職種，3番目に就業場所・社名。

では，実際の求人票を例にして見てみましょう。

A社の例

事 業 内 容：メンズ・ウィメンズウェア，服飾雑貨，アクセサリーの
　　　　　　　企画・製作・販売。カフェ等の飲食事業

就 業 場 所：渋谷区

職　　　種：販売スタッフ

仕事の内容：各店舗での販売商品管理の業務

※業務範囲：会社の定める業務

　いかがでしょうか。なんとなくわかるような気もしますが，渋谷区にある店舗で行う，「販売商品の管理業務」や「会社の定める業務」とは具体的にどのような業務を指しているのでしょうか。

　商品管理とは，「商品の仕入れ（生産），保管，配送，陳列などの実体を把握したうえで，販売との関係において有機的に商品を管理し，移動させること」（ブリタニカ国際大百科事典 小項目事典「商品管理」より）とあります。

　この店舗に配属されたらバックヤードで商品の在庫管理をするのでしょうか，店舗で陳列の仕事をするのでしょうか。

　担当業務を決めて人材要件も固まったのなら，応募者がその会社で働いている姿が具体的にイメージできる表現をすることが大切です。

B社の例

事 業 内 容：○○企業（大手企業）が行う各種事業における業務へのサポート

就 業 場 所：新宿区

職　　　種：事務補助

仕事の内容：

○書類の回収・シュレッダー　○データ入力　○メール作成，送受信

○ファイリング　○電話応対　○新聞等の仕分け・配布

○セミナールーム設営・片付け　○給茶機のメンテナンス

100

3章　自社に合った人材を知る

○アンケート入力・集計　○スキャニング
※グループ社内にてカフェの運営を新規業務として行っています。
　カフェの業務はレジ，接客，簡単な料理補助等となります。
　対応可能な方や接客経験者は歓迎します（必須ではありません）
※軽作業業務を含んだ一般事務業務です（事務経験者歓迎）
※仕事の内容は希望や能力，適性に応じご相談のうえ決定します。
※短時間（20h/w）からスタートも可
「業務範囲：変更なし」

　いかがでしょうか。事務補助でも，応募者が入社後に担当する業務をイメージしやすい記載内容です。

　B社の求人票のほうがA社より働いている自分の姿がイメージできる求人票です。

　なお，ハローワークインターネットサービスの「事業所PR情報」欄も全部記入してください。

　求人者マイページの「事業所情報設定」ページには，企業在籍型ジョブコーチの有無，建物内の車椅子移動，点字設備の有無などを記載する欄があります。さらに，「障害者に実施している合理的配慮の例」，「障害者の就労や定着に関するサポート体制」，「障害者雇用の担当者からのメッセージ」，「障害のあるスタッフからのメッセージ」，「障害者雇用に関するアピールポイント」欄があり，それぞれ20文字×2行・合計40文字の入力が可能です。

　これらは，求人票には記載されませんが，「求人・事業所PRシート」やハローワークインターネットサービスやハローワーク内に設置されたパソコンで，求人情報として公開されます。

　（参考『中小企業のためのハローワーク採用完全マニュアル』（五十川将史著））

⑵　社長のメッセージ

　「求人に関する特記事項」欄の一部を使って，社長のメッセージを記載するのも効果的です。

　2章2（51頁）ですでに考えていただいたように，なぜ障害者雇用をするのか，会社の理念との関連性，事業の方向性や社員に対する思い，採用する人材への期待などを求人票に記載します。

　障害のある人材に限りませんが，求人票を見るときに応募者はこの会社に入社すると自分はどのように働くのか（働かなければならないのか）について想像を巡らせます。

　ここに社長の言葉で障害者雇用をどのようにとらえているのか，障害者雇用を通じて何を実現したいのかが書かれていれば，「数合わせの雇用」のために求人票を出しているのではないなと感じ取ってもらえます。必然的に，会社が望む人材が応募する確率は高くなります。

　限られた字数ですが，社長の思いの丈を書き込んでください。

⑶　キャリアパスの明示

　あなたは今の会社に入社して5年が経ちました。

　当初は会社の雰囲気をつかむことや，業務を正確にこなすことで頭がいっぱいでしたが，最近は職場の雰囲気にもすっかりなじみ，担当している業務ではミスをすることもなくなってきました。

　ただ，問題がありました。それは，頑張ってもそうでなくても給料は変わらず，担当業務も入社時とほとんど変わらないことです。

　あなたは，この会社にずっと働き続けたいと思いますか？

　おそらく，ほとんどの人が，「No」と答えるはずです。

　しかし，障害者雇用ではこうしたことがしばしば起こります。障害があるから仕方ないのでしょうか？　そんなことはないはずです。

3章　自社に合った人材を知る

　私が前職で採用のための会社説明会を行った時にも，説明後の質問で，「御社では，障害者社員でも昇給できますか？」，「契約社員から正社員に転換できる制度はありますか？」というような質問が頻繁に寄せられました。

　2024年4月に法定雇用率が2.3％から2.5％に上がり（従業員を40人以上雇用している事業主は，障害者を1人以上雇用しなければならない），特に首都圏の労働市場は完全な売り手市場となっています。

　大手企業に伍して障害のある人材を獲得しようとするならば，キャリアパスの提示はより良い人材を確保するための必須条件となっています（キャリアパスについては，4章でお話しします）。

⑷　障害者手帳の情報取得について

　障害者の採用では，障害者手帳で障害の状況を確認することになります。

　厚生労働省の「障害者求人の申し込みについて」には，障害者手帳の記載情報を確認するときの注意事項が記載されています。

求人募集時における個人情報の取扱いに関するお願い

個人情報保護法において，障害に関する情報は「要配慮個人情報」として規定されており，その情報を収集するにあたっては，事前に本人の同意を得る必要があります。

⇒要配慮個人情報を含む「障害者手帳の写し」等を一律に必要書類として設定することはできません。

＊採用選考の際，どのような情報が必要となるか，収集目的を示し，必要な範囲で障害の状況や配慮事項等を確認する手段を「求人に関する特記事項」欄に記入し，本人の同意を得た上で収集するようにお願いします。

（下線筆者）

　ハローワークでは，「求人に関する特記事項」欄に下記の文言を一律に記載しています。

＊必要な合理的配慮についてはお申し出ください
＊業務遂行上の配慮事項の確認のため，障害の状況（障害種別や程度）や配慮事
　項等を可能な範囲で応募書類にご記入ください

　また，「求人に関する特記事項」欄には【就業場所の設備状況】として以下
の項目も記載してください。

①エレベーター（有・無）
②出入口ドア（自動・開き戸・引き戸）
③出入口段差（無・有●cm）
④階段手すり（両側・片側・無）
⑤トイレ（オストメイト対応・車いす対応・洋式）
⑥建物内の車いす移動（可・不可）
⑦休憩室（有・無）

(5)　応募書類

　どのような応募書類を提出してもらうかは各社の判断事項ですが，ハローワ
ークの求人票を確認すると，以下の2点が多いです。

　①　履歴書
　②　職務経歴書など

①　履歴書

　書式は一般的な書式で問題ありませんが，以下の点に気をつけましょう。

3章　自社に合った人材を知る

通勤経路と所要時間	障害種別にもよりますが，一般的に障害のある人にとって通勤は大きな負担です。肢体不自由や視覚障害の場合は駅の構造などいわゆるハード面での障壁や，混雑具合や所要時間も考慮しなければならない要素です。 発達障害者の場合は，感覚過敏を持っている人も一定数います。音や匂い，他人の視線など通常では障壁とは考えられないものでも大きな負担になる場合があります。 私の前職では，通勤経路は運賃が最安の経路のみを認めるという運用がありましたが，それでは障害者社員の心身の負担が大きいため，合理的配慮の一環として最安ではない経路も認める運用に切り替えていました。
留年の有無	高校や大学での留年の有無を確認してください。これは，留年していることを採否の判断材料にするのではありません。 留年は，障害による心身の不調の治療期間であることが多いからです。留年していたとき心身はどのような状態であったのかを面接で確認してください。
転職時の空白期間	転職の際，前職の退社月の翌月に新たな職場に勤務しているとは限りません。退職後の空白期間は，療養していたのか就職活動をしていたのかを確認し，障害による心身の状態を類推するようにしてください。
資格の有無	職務内容によっては保有が必須の資格がありますので，当然確認は必要です。それ以外にIT系の資格や簿記，TOEICの点数等の記載がある場合もあります。資格の保有は応募者の向学心や継続能力を判断する材料になります。資格取得という目標に向かって努力できる特性は，責任を持って業務を行うことにつながります。

105

② 職務経歴書や障害内容の説明文など

応募者によっては，職務経歴書の他に障害の内容や必要とする合理的配慮の内容を記載した書類が添付されている場合があります。

就労移行支援事業所などに通所している応募者では，事業所の書式で作成した障害特性や合理的配慮について記載した書類が履歴書と一緒に提出される場合もあります。

図表3-11 応募書類

(6) **求 人**

障害者社員の採用には，以下のルートがあります。

それぞれに特徴があり，採用活動にかけられる期間や費用を勘案して決定する必要があります。

3章　自社に合った人材を知る

① 採用ルート

採用ルート	概　要	メリット	デメリット
ハローワーク	採用ルートとして最もポピュラーなルートです。管轄するハローワークには，障害者雇用の専門担当官が配置されていますので，相談する事もできます。	各地に設置されており，多くの求職者に出会えます。	自社の望む人材が応募して来るとは限りません。また，「職業準備性」が整っていない求職者も多いので，採用活動が非効率的になる可能性があります。
自社採用サイト	自社のホームページを通した採用活動です。	コストが掛からず，求人票に掲載できないような情報や動画を掲載することで，より深く自社の採用について伝えることができます。	知名度のある企業でないと求職者に気づいてもらう可能性が低くなります。
採用エージェント	障害者専門の採用エージェントを活用するものです。	自社のほしい人物像を共有することによって，効率的な採用活動が可能となります。採用したい人物像をピンポイントで採用することができます。	障害者を採用できた場合には，成功報酬として当該障害者社員の初年度報酬の30〜35%を支払う必要があります。
求人媒体	採用エージェントと同様に，障害者専門の求人媒体を活用するものです。媒体によって登録者数や登録者層が異なるため，自社にあったサイトを選択することがポ	採用エージェントと同様に，比較的手厚いサポートを受けることができます。	掲載している他の企業との比較がされやすいです。

	イントとなります。		
特別支援学校	中長期的に障害者雇用を継続する場合は，特別支援学校とのパイプを作っておくのも１つの方法です。ただし，定期的に特別支援学校の生徒の実習を受け入れる必要があります。	１年生のときから実習を継続することで，生徒の人柄や仕事ぶりをじっくりと評価できる時間が取れます。採用ルートとして定着すれば，安定的な採用活動が可能となります。	就職を控えた３年生だけではなく，２年生や１年生にも実習の機会を提供する必要があり，採用に至るまでの時間や実習時の社員の負担は相応にかかります。
就労移行支援事業所	主に企業への就職を目指す人が利用する原則２年間の福祉サービスです。民間企業が運営している就労移行支援事業所は，事務補助業務に強い，IT教育に力を入れシステム開発会社などへの就職に強いなどの特徴を持っているところもあります。また，うつ病専門や発達障害専門など障害種別に特化している事業所もあります。	職業準備性の整っている利用者が多く，就職後６か月間は無料の定着支援（定期面談）があります。	就労移行支援事業所によっては，事業所のカリキュラムの問題か，支援員の技量の問題からか，職業準備性が今ひとつ整っていない応募者が多い場合もあります。慎重な見極めが必要です。

3章　自社に合った人材を知る

図表 3-12　採用ルート

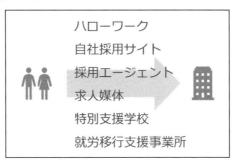

② **助成金の申請のために**

1章で解説したように，障害者雇用に関する助成金の申請要件の「雇入れの条件」に次のような記載があります。

> 「ハローワークまたは民間の職業紹介事業者等の紹介によって雇い入れること」
>
> 具体的には下記の機関が該当します。
> ①　公共職業安定所（ハローワーク）
> ②　地方運輸局（船員として雇入れる場合）
> ③　適正な運用を期すことのできる有料・無料職業紹介事業者等

助成金を申請する意向がある場合は，各職業紹介機関に要件を確認してください。自社採用サイトに関しては「ハローワークまたは民間の職業紹介事業者等の紹介によって雇い入れること」という助成金申請要件に該当しない場合もあります。

また，助成金の支給対象とならない事業主として下記の記載もあります。

> 事業主都合によって解雇・雇い止め等（勧奨退職等を含む）したことがある場合。

③ 選　考

　採用選考の方法は，一般的に適性検査（SPI検査）・筆記試験や面接などがあります。

　障害者雇用では，面接と実習による選考が多いように思われます。

　選考方法をどのようにするかは，各社の考え方やそれまでの障害者社員の雇用ノウハウ等によって異なってきます。

(1)　即戦力ではなく「育てる視点」

　選考の際の重要な視点として，即戦力としてではなく中長期的に「育てる」視点が重要です。

　近年就職件数が伸びている精神障害者や発達障害者は，環境の変化になれるまでに時間がかかったり，業務を覚えるまでに時間がかかったりすることがあります。

　最近の採用では，ジョブ型雇用などにより即戦力的な人材を求める傾向にあります。コラム②（80頁）のNPO法人イーハトーブとりもとやコラム⑤（240頁）の有限会社ローズリー資源では，採用後に戦力となるまでに半年くらいの時間を要しています。覚えるまでに時間がかかったとしても，一度覚えた業務は確実にこなせる能力が高い障害特性を持った人材がいますので，応募者の特性をしっかりと観察し判断する姿勢が重要です。

(2)　職業準備性ピラミッド

　障害のある人を採用する場合，実際に働くに足る資質を備えているかを判断することも重要です。

３章　自社に合った人材を知る

　障害のない社員を採用する場合，毎朝定時までに出勤できるかどうか気にして採用することは少ないと思います。定時までに出社するのが前提だからです。注意をしても遅刻を繰り返す場合は，減給などの措置を取ります。

　しかし，障害者雇用の場合は遅刻の原因が生活態度が整っていないために起こるのか，障害特性や服薬の影響で定時出社が難しいのか判断に苦しむ場面があります。また，障害者社員自身の生活態度に原因があるにもかかわらず，障害特性によるものだと主張する場合も実際にはあります。

　人事担当者や障害者社員を雇用する部門のマネージャーは，毎朝定時までに出社するかどうかを気にするような障害者社員を雇用したくないのが本音です。これは私の前職での実感でもあり，実際に企業のご担当者からお話をお聞きしてもそうでした。

　現在，私が支援している企業の面接担当者の方にもお話しているのは，障害者雇用の面接では基本的な生活態度が整っているか否かを判断することが最重要事項である，ということです。

　図表 3-13（次頁）は就職に必要なスキルが整っているかをみる視点や考え方を表しています。これを「職業準備性ピラミッド」といいます。

　「職業準備性ピラミッド」となっているのには理由があります。

　それは，一番下の「健康・病気・体調の自己管理」と，その上の「規則正しい日常生活」が就職するうえで重要事項であることに関係します。この基礎部分の形成をおろそかにして，基本的労働習慣や業務適性をいくら拡充させても土台がぐらついた不安定なピラミッドとなってしまいます。

　また，真ん中の「対人技能」も職場での円滑な人間関係をつくるために重要なスキルです。

　私は，「健康・病気・体調の自己管理」と，「規則正しい日常生活」，それか

111

図表 3-13　職業準備性ピラミッド

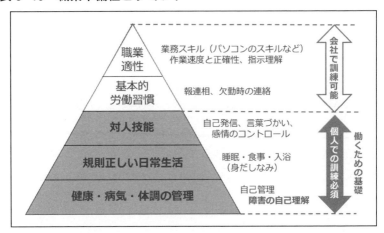

（出典）独立行政法人高齢・障害・求職者支援機構ホームページ掲載図を改作。

ら「対人技能」をあわせたものを「働くための基礎」として考えています。

　採用面接では，働くための基礎がどれだけ充実しているかということを採否決定の要因として重視していました。

　一番上の「職業適性」とその下の「基本的労働習慣」は，就職後に職場や会社の研修で訓練することができます。

　一方，「働くための基礎」を改善しようとすると，社員のプライベートにまで会社が口を挟んでしまうこととなりますし，担当の社員の負担も大きく現実的ではありません。働くのであれば，心身ともに基礎体力が充実していることが大切です。

(3)　採用基準の設定と選考方法の検討

　担当業務も決まり，人材要件も確定したところで採用活動に入ります。

3章　自社に合った人材を知る

　書類選考と面接及び実習，これらをどのように組み合わせるかは各社の判断によります。
　ここでは，それぞれの狙いと留意点について説明します。

図表3-14　選考方法

① 採用基準の設定

　選考の流れを決める前に，どのような人物をどのような基準で採用するかという採用基準を定める必要があります。
　障害のない人材を採用する場合と同じく「性格・労働意欲・関心・職務遂行スキル」などが判断基準となります。

ア）採用基準の例
　一般の採用基準と同様の基準と，障害のある人に特有の基準に分けられます。
┌─一般と同様の基準────────────────────┐
│・就労意欲
│・心身の安定度
└────────────────────────────┘

```
┌─障害のある人に特有の基準─────────────────┐
│ ・障害の自己理解の度合い                                    │
│ ・自分から発言や質問(自己発信)ができる                      │
│ ・就職後のサポート体制(支援機関の支援体制)が見込める          │
└──────────────────────────────┘
```

などが考えられます。

イ)不採用基準の例

　障害のある人の採用に不慣れで,採否を判断するスキルや基準が蓄積されていない企業では,この項目に該当すれば不採用とするというような,「不採用基準」を定めるほうが,実際の採用業務がスムーズに進む可能性が高いです。

　最終的な採否は,不採用基準に該当がないことを前提として,応募者の強みなどを勘案して決定します。

●不採用基準の代表例

```
┌─書類選考───────────────────────┐
│ ・応募時点での障害者手帳未取得者や取得予定者は対象外とする      │
│ ・遠距離の転居を伴う場合は対象外とする                       │
└──────────────────────────────┘
```

```
┌─面接────────────────────────┐
│ ・労働意欲が低い,または見られない                          │
│ ・質問の意図を理解せず,回答がずれることが頻繁に起こる          │
│ ・自分勝手に話す                                       │
└──────────────────────────────┘
```

```
┌─実習────────────────────────┐
│ ・説明を聞かず,勝手な解釈で業務を行う                       │
│ ・疑問点を確認せず,自分の判断で業務を行う                    │
│ ・ミスの原因分析が他責的                                 │
└──────────────────────────────┘
```

3章　自社に合った人材を知る

② 選考の流れの決定

　書類選考・職場実習・面接をどのように組み合わせるかを決めます。これらの組み合わせ方に決まりがあるわけではありませんが，選考にかけられる時間的余裕や，実習を行うのであれば期間や実施部署等も検討しなければなりません。

　選考時間に余裕があり，職場実習を1週間（5営業日）程度取れるのであれば，職場実習で候補者の作業指示の理解度や作業の正確性や速度，コミュニケーション能力などをじっくりと観察します。職場実習終了時には，候補者が自社にマッチした人材か否かの判断材料が相当程度揃います。実習終了後は，改めて候補者の人物像を明確化するために面接（一次面接）を行います。多くの場合は，この段階で採否の判断要素は出揃いますので，最終面接は行わないか，行っても形式的なものになります。

図表3-15　選考の流れ（例）

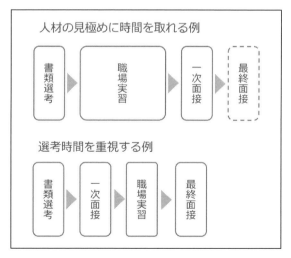

選考時間に余裕がない場合は，書類選考の後に一次面接を行います。一次面接合格者は職場実習を行いますが，この場合の実習期間は長くて1日，短ければ数時間程度とします。職場実習でも合格基準を上回っている場合は，最終面接で採否の最終判断を行います。最終面接は，一次面接とは違う面接官で行いますが，人事部長や人事担当役員が面接官となります。

③ 書類選考

応募書類が揃っているか，必要な事項が記載されているか，障害者手帳は有効期限内にあるかなどをチェックします。ここで行う作業は，主に書式上のチェックです。

障害者雇用が初めての企業やあまり経験のない企業ではこの段階で採否を決めるのではなく，面接など次の選考過程に進むことが望ましいです。より多くの応募者と面談することで，障害のある人を理解することにつながり，自社で採用したい人物像がクリアになっていくからです。

④ 面　接

新卒採用などで，比較的短期間に多くの応募者を選考しなければならない場合は，最近はWebとリアルの面接を使い分けることもあります。

ただし，障害者雇用では，応募者の身振り手振りや表情・体の動きからその人の特性に関する情報を得られることが多いため，リアルでの面接を行うことをお勧めします。

面接では応募者の回答内容ばかりでなく，表情や体の動きなども見て，総合的に検討してください。

ただ，自閉スペクトラム症の応募者の場合，面接官の目を見て返答することはあまりありませんし，精神障害の場合も視線を外す傾向があります。うつむき加減で回答することだけを捉えて，マイナス評価をしないことが大切です。

3章　自社に合った人材を知る

面接の回数は会社規模によっても異なります。

大企業の場合は，一次面接は人事担当者，二次面接では受け入れ予定部署の部長と人事部長などが考えられます。中小企業の場合は，一次面接の面接官が社長や役員という場合もあると思いますが，面接ではできるだけ多くの目を通して採否の判断を行うことが重要です。面接の方法や留意点は後述します。

⑤　職場実習

障害者雇用の場合，多くの企業で採用前の現場実習を行います。

それは，面接のような普段と異なる特殊な環境では緊張が大きくなり普段に近いコミュニケーションが取りづらい人が多いためです。

また，障害特性が個人ごとに異なるため，現場の実習を通して適性の判断を行う必要があるためです。

実習期間も，企業がどれだけ選考に時間と人員を割けるかによって異なります。長いところでは1週間から2週間，短いところでは数時間と幅があります。

たとえ数時間の実習でも応募者の特性をつかむことができますので，障害者雇用では面接と併用することが望ましいです。実習の内容や留意点も後述します。

(4)　書類選考

①　応募書類のチェック

求人票に記載した，応募に必要な書類が整っているか，記載内容に不備がないかを確認します。

同時に，不採用基準に該当していないかも確認します。

117

② 応募者のライフストーリーを再現する

　応募書類のチェックで不採用要因がない場合は，面接に進みます。

　提出された書類から応募者のライフストーリーを再現することで，面接で聞くべき事項が明確化されます。

　履歴書には，経歴として高校くらいからの学校歴や就職歴が書かれています。これを基本にして，**図表 3 -16**のように障害に関連する事項，その他の事項を書き加えていきます。

　これにより，応募者の経歴と障害との関連などが時系列で確認できます。また，休学や留年，休職など面接で確認すべきことが明確になります。

3章　自社に合った人材を知る

図表 3-16　ライフストーリー表（書式）

西暦	和暦	年齢	経歴	障害に関する働き	その他
1980	昭和55年				
1981	昭和56年	1			
1982	昭和57年	2			
1983	昭和58年	3			
1984	昭和59年	4			
1985	昭和60年	5			
1986	昭和61年	6			
1987	昭和62年	7			
1988	昭和63年	8			
1989	S64年，H1年	9			
1990	平成2年	10			
1991	平成3年	11			
1992	平成4年	12			
1993	平成5年	13			
1994	平成6年	14			
1995	平成7年	15			
1996	平成8年	16			
1997	平成9年	17			
1998	平成10年	18			
1999	平成11年	19			
2000	平成12年	20			
2001	平成13年	21			
2002	平成14年	22			
2003	平成15年	23			
2004	平成16年	24			
2005	平成17年	25			
2006	平成18年	26			
2007	平成19年	27			
2008	平成20年	28			
2009	平成21年	29			
2010	平成22年	30			
2011	平成23年	31			
2012	平成24年	32			
2013	平成25年	33			
2014	平成26年	34			
2015	平成27年	35			
2016	平成28年	36			
2017	平成29年	37			
2018	平成30年	38			
2019	H31年，R1年	39			
2020	令和2年	40			
2021	令和3年	41			
2022	令和4年	42			
2023	令和5年	43			
2024	令和6年	44			
2025	令和7年	45			

図表 3-17　履歴書（例）

履　歴　書			2024年11月1日現在	
ふりがな		しゅうしょく　たろう		
氏　　名		就職　太郎		
		1996年1月1日生　（満28歳）	※性別 男	
ふりがな			電話　03-1234-5678	
現住所	〒101－0051 東京都千代田区神田神保町1-35		E-mail ○○××△△@mail.com	
ふりがな			電話	
現住所	〒　　　　　　　　（現住所以外に連絡を希望する場合のみ記入）		E-mail	

年	月	学歴・職歴（各別にまとめて書く）
2011	4	A県立B高等学校入学
2014	3	A県立B高等学校卒業
2014	4	C大学D学部入学
2019	3	C大学D学部卒業
2021	8	E株式会社入社
2023	11	E株式会社退職
2023	12	F就労移行支援事業所入所
		以上

※「性別」欄：記載は任意です。未記載とすることも可能です。

3章　自社に合った人材を知る

年	月	学歴・職歴（各別にまとめて書く）

年	月	資格・免許
2012	5	日商簿記3級
2013	8	日商簿記2級
2021	12	MicrosoftOfficeSpecialist（Excel, Word）

志望の動機，特技，好きな学科，アピールポイントなど

御社の，「みんなが働きやすい会社をつくり，誰もが働きやすい社会をつくる」というビジョンに共感いたしました。
私は，自閉スペクトラム症と診断されていますが，子供の頃から周囲との違いに悩む事が多くありました。御社に入社して，支援する企業に在籍する，働くことに困難さを抱えている社員の方々が働きやすい会社づくりに尽力したいと考えています。

中学生時代から歴史に興味がありました。大学では，明治以降の近代の日本社会でのマイノリティの権利拡大の歴史を研究していました。

急な予定変更などの状況の変化を受けた臨機応変な対応は苦手ですが，やり方が決まったりマニュアル化された業務を確実に実行することが得意です。前職では，経理部に在籍し売上データなどの入力業務に従事していました。
パソコンはブラインドタッチで入力することができ，10分間で400文字程度入力することができます。

本人希望記入欄（特に給料・職種・勤務時間・勤務地・その他についての希望などがあれば記入）

御社の規定に従います。

図表 3−18 障害に関する説明書類（例）

障害について			
手帳取得：2023年3月	分類：精神障害	等級：2級	内容：自閉スペクトラム症

障害の詳細と現状について

小学生の頃，同級生と同じ行動ができないことで，親や先生から注意を受けることがありました。
自分の努力不足だと思い，改善を試みましたが思うように改善しませんでした。
中学・高校へは進学しましたが，違和感はなくなりませんでした。
大学へ進学しましたが，履修科目の選択などに手間取り学生課のサポートを受けました。
3年生でゼミの研究発表などにストレスを感じ，2016年5月からGクリニックに通院を始めました。
定期的な通院を重ねるうちに医師から自閉スペクトラム症の診断がありました。
現在は体調も安定し，主治医からも就労は問題ないと言われています。

希望する合理的配慮事項

①環境の変化には不安を感じやすいため，できるだけ先々の予定を教えていただきますよう，お願いします。
②マニュアルのある作業やルールが決まっている作業は，安心して取り組むことができます。業務の指示の際には，なるべくマニュアルを使用して指示をしていただけると，作業手順の理解がし易いです。
③あれ・それ・これなどの曖昧な指示は理解がしづらいので，業務内容や期日を具体的にご指示いただくよう，お願いします。
④作業後は自己確認を行うことでミスの予防に努めています。もしミスがあったときには，感情的な叱責は避け，対応策を具体的にご指示いただくようにお願いします。

通院状況：月1回（Gクリニック）		服薬：なし	
支援機関：F就労移行支援事業所		担当支援員：世田谷太郎	
通勤時間：約40分	扶養家族：0人	配偶者：あり	配偶者の扶養義務：なし

3章　自社に合った人材を知る

図表3-19　ライフストーリー（記入例）

西暦	和暦	年齢	経歴	障害に関する動き	その他
1996	平成8年		1月生		
2009	平成21年	13			
2010	平成22年	14			
2011	平成23年	15	4月 A県立B高等学校入学		
2012	平成24年	16			日商簿記3級取得
2013	平成25年	17			日商簿記2級取得
2014	平成26年	18	3月 A県立B高等学校卒業 4月 C大学D学部入学		
2015	平成27年	19			
2016	平成28年	20		5月 Gクリニック通院開始	
2017	平成29年	21			
2018	平成30年	22			
2019	H31年、R1年	23	3月 C大学D学部卒業	7月 自閉スペクトラム症診断あり	
2020	令和2年	24			
2021	令和3年	25	8月 E株式会社入社		MOS（Excel、Word）取得
2022	令和4年	26		3月 手帳取得	
2023	令和5年	27	11月 E株式会社退職 12月 F就労移行支援事業所入所		
2024	令和6年	28			
2025	令和7年	29			

　それでは**図表3-17**の履歴書や**図表3-18**の障害に関する説明書類を基に作成した**図表3-19**の記入例から，応募者のライフストーリーを再現し，面接で確認すべき事項を見てみましょう。

ア）A県立B高等学校では2012年の2年時と2013年の3年時にそれぞれ日商簿記の3級と2級を取得しています。学業は順調だったのでしょう，向学心のある人物だと推測できます。

イ）2014年4月に高校卒業後すぐにC大学D学部に入学していますが，卒業は2019年3月なので，卒業までに5年かかっています。しかも2016年に通院を開始しています。このため，面接では以下の質問を行います。

・いつ頃から不調を感じていたのか

・通院したのは自らか，他の誰かから勧められたのか（自覚症状があったのか否か）

・医師からは，どのように説明されていたのか

・休学をしたのか

ウ）2019年3月にC大学D学部を卒業していますが，2021年8月のE株式会社入社までに2年5か月のブランクがあります。また，2019年7月に自閉スペクトラム症の診断が下りています。

このため，面接では以下の質問を行います。

・E株式会社への入社までは何をしていたのか（治療？アルバイト？）

・E株式会社に入社を決めた理由（就職活動を始めた理由）はなにか

エ）2022年3月に手帳（精神保健福祉手帳）を取得しています。

このため，面接では以下の質問を行います

・手帳を取得した理由はなにか

・2023年11月に退職するまでに休職等があったのか

・E株式会社の退職理由はなにか

オ）2023年12月にF就労移行支援事業所に通所を開始しています。

このため，面接では以下の質問を行います。

・F就労移行支援事業所への通所理由はなにか

・F就労移行支援事業所では，どのようなカリキュラムを行っているのか

以上のように，この応募者のライフストーリーを見るだけで11個の質問が考えられます。

⑸　面接（一次面接・最終面接）

面接回数を何回にするかは会社の方針次第ですが，現場担当者レベルでの一次面接と，経営層による最終面接に分けることをお勧めします。

現場担当者と経営層の視点は異なりますので，多面的な判断が可能となるメ

3章　自社に合った人材を知る

リットがあります。

　現場担当者が採用したい応募者（一次面接通過者）を，経営層に面接してもらうことで（最終面接）人物を確認するという位置付けです。

① 一次面接のすすめ方

　一次面接は人事担当者による面接です。一次面接の目的は，応募者が自社の要求する人材要件に合っているか，自社の社員としてともに働く姿が想像できるかを見極めることです。

　面接官は必ず複数とします。ただ，面接官が多すぎると応募者に無用な緊張を迫ることになりますので，多くても3名までとします。

　質問をしながら面接を進めていく役割と応募者の質問への回答内容などを評価する役割に分けます。

　一次面接は**図表3-20**の流れで進めるとよいでしょう。

図表3-20　採用面接の流れ

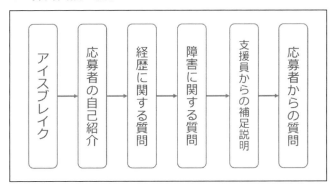

　所要時間は長くても1時間程度としましょう。面接時間が長すぎると，応募者が疲労して的確な回答が得にくくなることもあります。

② 質問票の作成

　面接に際しては，「質問票」を作成して，あらかじめ面接のストーリーを決めましょう。質問票を用いることで，限られた時間で抜け漏れなく質問ができるメリットもあります。

　前述したように，応募者のライフストーリーを再現することで面接の際に質問すべき事項が明確になります。これを，質問票に具体的な質問事項として落とし込んでいきます。

　質問票は，標準的な質問項目をあらかじめ作成しておき，応募者に合わせてカスタマイズすることで作成の手間を削減することができます。

　質問票は**図表3-20**の一次面接の流れに沿って作成します。
　【構成例】
　ア）アイスブレイク
　イ）応募者の自己紹介
　ウ）経歴に関する質問
　エ）障害に関する質問
　オ）本人に関する質問
　カ）支援員からの補足説明（支援員が同席する場合）
　キ）応募者からの質問

ア）アイスブレイク
　応募者の将来を左右する採用面接では全員緊張していますので，コミュニケーションが少しでも円滑になるために，緊張をほぐすアイスブレイクを入れてください。

3章　自社に合った人材を知る

　まずは，選考に参加してもらったお礼を述べます。

　障害の有無にかかわらず，採用面接は応募者の採否を決定する場であると同時に，応募者からも選ばれる場です。

　次に，面接官の自己紹介と面接での役割を説明します。

例）面接を担当する木下文彦と○○○○です。面接では，主に○○○○が質問しますので，よろしくお願いします。

　さらに，緊張をほぐすために，YES・NOで答えられる質問（クローズドクエスチョン）をします。

【会話例】

・今日は電車で来たのですか？　時間はどのくらいかかりましたか？

・○○（事務所の所在地）には，お越しになったことはありますか？

・（夏の場合）最近とても暑いですね，暑いのと寒いのではどちらが好きですか？

　アイスブレイクの最後に，面接のすすめ方を説明します。

【会話例】

今日の面接は，○○分を予定しています。自己紹介をしていただいた後に，これまでの経歴に関すること，ご自身の障害に関することをお聞きして，最後に○○さん（応募者）からのご質問を頂いて，終わりになります。

イ）応募者の自己紹介と志望動機

　簡単な自己紹介（名前，生年月日，所属，志望動機など）をしてもらいます。

　このとき，応募者に話してもらいたい内容を明確に伝えます。緊張のあまり面接対策で覚えてきた内容を一気に話してしまう人がいるためです（私の経験では，自己紹介が5分に及んだこともありました）。

　採用面接では，最初の質問として自己紹介の後に「志望動機」を聞くことが

多いと思います。志望動機を聞いて，応募者の熱意などを確認しても構いませんが，私の経験では「なるほど」と思う志望動機を話す応募者はいませんでした。

　ただ，話す内容から自分が就職しようとする会社について，どの程度調べてきたのか，自分がこの会社で働いている姿をどの程度明確に描いているか，という判断材料にはなります。

【質問例】
それでは，お名前と生年月日，現在の所属と弊社に応募してくださった志望動機を教えてください。経歴は後で質問するので，今お話いただく必要はありません。

ウ）経歴に関する質問

　履歴書の経歴欄に記載されている内容を中心に質問していきます。

　前述した応募者のライフストーリーを作成する過程で，質問内容がある程度決まっています。それに加えて疑問点などを確認しましょう。

【質問例】
・○○年に□□大学に入学されました。ご卒業は△△年で，卒業に5年かかっていますが，留年されたのですか？
　（留年の場合）差し支えなければ，留年された理由を教えていただけますか？
・○○年に□□株式会社に入社されています。どの様な業務を担当していたのですか？
・そうなんですね。○○の業務を担当されていたのですね。その業務を担当していて嬉しかったことがあれば教えていただけますか？
・○○年に□□株式会社を退職されています。差し支えなければ，ご退職の理由を教えていただけますか？
　（体調不良による退職の場合）退職までに休職期間があったのですか？

　ここで注意していただきたいのは，詰問口調にならないようにすることです。

3章　自社に合った人材を知る

障害のある人は，過去の失敗経験が多いために質問する側にそうした意識がなくても，「なぜなぜなぜ」と詰問されていると感じてしまいがちです。表情や声のトーン，質問の間などに注意を払ってください。

　話は逸れますが，質問者が中年の男性の場合は真剣な表情をしているだけで，どこか怒った表情のように見える場合が多いです。私もセミナーなどでお話していると，中高年の男性の受講者の真剣な表情が，ときに怒っているように見えることがあります。

　意識して口角を上げることで，優しげな表情を作り出すことができます。

　面接官の雰囲気が応募者のリラックスした状態を引き出し，良質なコミュニケーションが生まれるきっかけとなります。

　面接の前には，洗面所の鏡でご自身の表情のチェックをするとよいと思います。

エ）障害に関する質問

　障害のある人を採用するのですから，採用可否に影響する障害に関連する事項は応募者の話に耳を傾けて，疑問が残らないように確認してください。

　ただ，障害に関する質問は，応募者にとってセンシティブな内容ですので，質問の仕方やスタンスには十分注意してください。

　障害に関する質問で聞くべき内容は以下となります。

・障害となった状況
　先天性か中途障害（ある時点で障害を持つに至った場合）か。中途障害の場合は事故や病気，またはそれに伴う後遺症によるものか。
・障害の状況
　発症後や確定診断後からの経緯，現在の状況，今後の見通し
・服薬と通院の状況

129

服薬の有無と服薬による影響（体がだるくなる，眠くなるなど），通院頻度と通
　　院の時間帯（業務時間中の通院の有無）
・希望する合理的配慮の内容

【障害者手帳の確認】

　障害に関する質問で忘れてはならないのは，障害者手帳についてです。これ
は前述したように雇用率制度上は，障害者手帳の保有者と雇用率計算に含めら
れる障害者社員がほぼイコールの関係にあるからです。

　身体障害者が所持する身体障害者手帳には原則として有効期限はありません。
知的障害者が所持する療育手帳には再判定の制度があります。18歳以上は概ね
10年に一度判定を受けることとなっていますが，自治体によって扱いが異なる
場合もあります。精神障害者と発達障害者が所持する精神障害者保健福祉手帳
の有効期限は2年間です。

　いずれの場合も，採用する時点で手帳の有効期限内にあるかどうかは本人の
同意を得て，必ず確認してください。

【質問例】
・それでは，ご自身の障害についてお聞きします。もし，答えたくない，または
　答えにくいということがあれば，その場で遠慮なくおっしゃってください。
・（視覚障害や聴覚障害などの場合）目が見えない（耳が聞こえない）のは，生ま
　れたときからですか？
・（視覚障害や聴覚障害などの場合）今は，どのように見えている（聞こえてい
　る）のですか？
・（発達障害等の場合）もしかしたら，自分に障害があるのではないかと気づいた
　のはいつくらいからですか？
・（精神障害等の場合）○○年○月に障害者手帳を取得していますが，取得しよう
　と思ったきっかけを教えていただけますか？
・（精神障害等の場合）現在は，通院や服薬をされていますか？

3章　自社に合った人材を知る

・服薬による副作用などはありますか？
・就職するにあたって、主治医からアドバイスされたことや注意事項はありますか？
・最近の体調は安定していますか？
・就職するにあたって、希望される合理的配慮はありますか？　ある場合は、その内容を教えていただけますか？
・なぜ、その配慮を望まれるのでしょうか？

　障害に関する質問でよくあることですが、「診断名」だけの確認に終始して、「障害特性」の確認がおろそかになってしまうことに注意してください。
　特に、精神障害や発達障害の場合には診断名は参考程度に留めておきましょう。図表3-21にあるとおり、発達障害には、自閉スペクトラム症（ASD）、

図表3-21　発達障害の特性

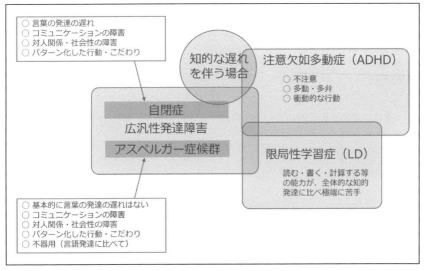

（出典）厚生労働省　政策レポート「発達障害の理解のために」より

131

注意欠如多動症（ADHD），限局性学習症（LD）などの特性があり，特性が1つの人や複数の特性が併存している人がいます。

例えば，主治医の診断名が，「自閉スペクトラム症（ASD）」である場合，ASDの特性が強く出ている人もいれば，注意欠如多動症（ADHD）の特性を併せ持っている人もいます。

発達障害の方と面談すると，診断名とは異なる特性を感じることはよくあることです。例えば，自閉スペクトラム症（ASD）の代表的な特性であるコミュニケーションの不得意さがある一方，話題の展開が唐突で注意欠如多動症（ADHD）の多動的傾向も感じるなどの場合です。

面接では，診断名ではなく特性を確認することによって，応募者をより深く理解できるようにしてください。

オ）本人に関する質問

障害のことばかりではなく，その人となりを理解するために行うのが本人に関する質問です。履歴書などに趣味の記載があればそれについて聞いてみると，普段の生活ぶりが想像できて，理解が深まるかも知れません。

> 【質問例】
> ・働くことで，将来ご自分がどのような生活をしたいとお考えですか？
> ・（就職歴がある人に対して）今まで働いてきたなかで，楽しかったことは何ですか？
> ・今まで担当した業務で，自分に向いているなと感じた業務はありましたか？
> ・得意なことは何ですか？

※周囲の理解や支援について

職場以外に支援者や理解者がいることは，安定的な雇用が実現できるか否かのポイントとなります。

3章　自社に合った人材を知る

　会社で上司に相談するといっても上下の関係が強いので，直接言いにくいこともあります。そういうときは，支援者に相談できる関係性があれば支援者を経由して会社に本人の感じていることや改善してほしいことが伝えられる場合があります。

　次の質問は本人がどれだけ周囲の支援を受けやすいかという，「受援力」をみるものです。

```
【質問例】
・今回の就職にあたっては，ご家族はどのようにおっしゃっていますか？
・困り事があったときには，どなたに相談されていますか？
```

カ）支援員からの補足説明（支援員が同席する場合）

　支援員が同席する場合は，支援員から応募者の普段の状況や面接での返答に関する事などの補足説明をしてもらいます。採用面接は応募者本人との面接の他に，支援員との面接という要素も含まれています。

　障害者社員の就職後のメンタル面でのサポートや，家族関係に起因する悩み，上司に直接伝えられない業務上の悩みなどは支援員に相談することが多いです。安定的な就労には，支援員の障害特性に関する知識や実務的な対応ノウハウが重要になります。

　そして，安定的な雇用のためには，企業の担当者と支援員との信頼関係が構築できることが重要になります。

```
【質問例】
・支援員の○○さんから，○○さん（応募者）の回答などで，補足することはありますか？
・○○支援事業所での，普段の様子を教えていただけますか？
```

キ）応募者からの質問

　面接の最後に，応募者本人からの質問を受けます。

　応募者からの質問には，答えられる範囲で最大限に対応してください。

　障害者雇用市場は売り手市場です。応募者に選ばれる企業となるためには，企業も自己開示が必要となります。

　これまでの経験上，多いのは「この会社に就職するまでにやっておかなければならないこと」という質問です。就職までにどのような資格を取得すべきかなどもよくある質問です。

　私は面接官の方には，就職に向けて自己管理（規則正しい生活）をできるようにしておくことを応募者にアドバイスするようにお伝えしています。

　特定の資格を取得する必要のある業務は障害者雇用では多くありません。このようなスキル的なものは必要であれば，入社後の教育研修や自己啓発で取得するように指導することもできます。

　それよりも，まずは多少の心身の不調があってもそれを乗り越えて，安定的な勤務をしてもらう必要がありますので，「自己管理の徹底」をアドバイスしてほしいのです。

3章　自社に合った人材を知る

図表 3-22　質問票（例）

採用面接（1次）質問票

面接日　　　　　応募者　　　　　　　　支援者　　　　　　　支援機関名
面接者

	特記事項
1．アイスブレイク	
面接を担当する□□□□と○○○○です。面接では，主に○○○○が質問しますので，よろしくお願いします。 ① ○○（事務所の所在地）には，お越しになったことはありますか? ② 今日の面接は，○○分を予定しています。自己紹介をしていただいたあとに，これまでの経歴に関すること，ご自身の障害に関することなどをお聞きして，最後に○○さん（応募者）からのご質問を頂いて，終わりになります。	
2．応募者の自己紹介と志望動機	
① それでは，お名前と生年月日，現在の所属と弊社に応募してくださった志望動機を教えて下さい。○○（応募者）さんの経歴は後で質問するので，今お話頂く必要はありません。	
3．経歴に関する質問	
① ○○年に□□大学に入学されました。ご卒業は△△年で，卒業に5年かかっていますが，留年されたのですか? （留年の場合）差し支えなければ，留年された理由を教えていただけますか? ② ○○年に□□株式会社に入社されています。どの様な業務を担当しているのですか? ③ ○○年に□□株式会社を退職されています。差し支えなければ，ご退職の理由を教えていただけますか? （体調不良による退職の場合）退職までに休職期間があったのですか?	
4．障害に関する質問	
それでは，ご自身の障害についてお聞きします。もし，答えたくない，または答えにくいということがあれば，その場で遠慮なくおっしゃってください。 ① ○○年○月に障害者手帳を取得していますが，取得しようと思ったきっかけを教えていただけますか? ② 現在は，通院や服薬をされていますか? ③ 服薬による副作用などはありますか? ④ 就職するにあたって，主治医からアドバイスされたことや注意事項はありますか? ⑤ 最近の体調は安定していますか? ⑥ 就職するにあたって，希望される合理的配慮はありますか?ある場合は，その内容を教えていただけますか? ⑦ なぜ，その配慮を望まれるのでしょうか?	
5．本人に関する質問	
① 働くことで，将来ご自分がどのような生活をしたいとお考えですか? ② 今まで働いてきたなかで，楽しかったことは何ですか? ③ 今まで担当した業務で，自分に向いているなと感じた業務はありましたか? ④ 得意なことは何ですか?	
6．周囲の理解や支援について	
① 今回の就職にあたっては，ご家族はどのようにおっしゃっていますか? ② 困り事があったときには，どなたに相談されていますか?	
7．支援員からの補足説明（支援員が同席する場合）	
① 支援員の○○さんから，○○さん（応募者）の回答などで，補足することはありますか? ② ○○支援事業所での，普段の様子を教えていただけますか?	
8．応募者からの質問	
① ○○さん（応募者）からご質問はありますか?	

③　採用面接での留意点

　障害に関する質問をする時に気を付けていただきたいのは，応募者に対して必ず次の2点を伝えることです。

- 興味本位で聞いているのではないこと。採用可否の判断材料として聞いていること。
- 応募者には，面接官の質問には答えない自由があること。

　企業には従業員に対する安全配慮義務があり，障害の程度，体調不良時や緊急時の対応方法を把握する必要があります。

　厚生労働省では，「公正な採用面接の基本」の中で，採用選考の基本的な考え方として次の2点を挙げています。

- 応募者の基本的人権を尊重すること
- 応募者の適性・能力に基づいた基準により行うこと

　また，公正な採用選考のために，本人の適性と能力に関係のない事項を応募用紙に記入させる，面接で尋ねるなどは就職差別に当たるとしています。

- 本人に責任のない事項
  本籍・出生地，家族の職業・収入・資産など，家庭環境など
- 本来自由であるべき事項
  宗教，支持政党，人生観・生活信条，思想，愛読書など

　面接では，企業が応募者を選びますが，同時に企業も選ばれていることに留意しましょう。

④　応募者本人への配慮

　厚生労働省の合理的配慮指針には，募集・採用時の配慮事項として次の項目

3章　自社に合った人材を知る

が挙げられています。

　　視覚障害者：点字や音声での実施

　　聴覚障害者：筆談や就労支援機関の支援員の同席

　　知的障害者や精神障害者：就労支援機関の支援員の同席

　　発達障害者：支援員の同席や文字によるやり取り

など

　採用面接で，応募者からの以下の要望があった場合には認めるようにしてください。

ア）就労支援機関の支援員の同席

イ）事前にまとめたメモを見ながらの回答

ウ）メモを取りながらの回答

ア）就労支援機関の支援員の同席

　厚労省の合理的配慮指針にあるとおりですが，実務上の経験では，面接のおよそ7割程度で支援員の同席の要望がありました。同席した支援員には，応募者の回答の補足や，支援機関での普段の様子を説明してもらいます。同席した支援員への対応については後述します。

イ）メモを見ながらの回答・ウ）メモを取りながらの回答

　イ）とウ）は発達障害者のうち注意欠如・多動症（ADHD）の特性の1つである，不注意と衝動性を引き起こすと考えられているワーキングメモリの不足を補うものです。

　ワーキングメモリとは，指示などの情報を一時的に記憶する能力です。読み書きや計算，会話，行動などのあらゆる判断や動作に関わっていると言われています（LITALICO発達ナビ「ワークングメモリとは」より）。

137

就労支援機関に通所している応募者は，就職活動の段階になると支援員と面接訓練を重ねているため，経歴や志望動機，自分の強みや弱み，希望する合理的配慮事項など，定番の質問には比較的流暢に回答します。

しかし，一部の応募者はワーキングメモリの不足という特性から，面接官の質問内容を忘れてしまう事象が起こります。これを回避するための要望です。

障害のある人の面接では，回答の流暢さよりも，回答は質問の意図を的確に捉えているか，冗長ではないかなどを採否の判断材料としてください。

そのために，これらの要望に対応して応募者がよりリラックスした状態で面接に臨めるようにしてください。

⑤ 支援員への対応と留意点

障害の有無にかかわらず，採用面接では応募者は緊張し，普段の「素」の状態とは言いがたい状況にあります。

特にコミュニケーションが得意でない応募者の場合，言葉足らずのまま回答が終了する，質問に関係のないことを延々と話す，といったことがあります。

このような場合に支援員が回答を補足したり，支援機関での普段の様子などを話したりします。

支援員が同席する場合は，応募者への質問が終わった後に，支援員に補足事項などを確認するようにしてください。

まれに，応募者の回答のすぐ後に補足しようとする支援員もいますが，その場合は，最後にまとめて確認する旨を伝えましょう。

採用面接は，応募者の適性や能力を評価し採否を判断する場です。応募者の回答の途中に支援員の発言を認めると，応募者よりも支援員が話しすぎる状態となることがあります。面接の最後に応募者の回答内容を補足する時間を設けることで，このような事態を回避します。

3章　自社に合った人材を知る

　また，面接では同席した支援員及び支援員が所属する支援機関の支援方針等も確認する必要があります。なぜなら，就労移行支援事業所通所者の場合は就職後も最低6か月間は無料の定着支援として，支援員と障害者社員の面談があるからです。

　一般的に障害のある人は環境変化に弱い傾向があります。障害者雇用では，特に入社後の3か月間の支援体制が障害者社員の定着に大きな影響を与えます。新たな仕事への不安，新たな人間関係への不安など，環境変化への適応に対する不安が心身の負担を増大させます。

　このときに，支援機関や支援員が当事者をどのようにフォローするのかが重要になります。

　障害者雇用を行う際，自社のリソース（人員やノウハウ）だけで対応するのではなく，積極的に支援機関等の外部リソースを利用することが障害者社員を定着させ，活躍させることにつながります。

⑥　最終面接

　最終面接は応募者の採否を決定するために行われる経営層による面接ですが，最終面接をどのように捉えるかは，その会社次第です。

　現場実習を5営業日くらいの期間で行っている会社では，1次面接と併せて応募者の特性や人物像がある程度わかっていて，最終面接は現場の判断を確認するための形式的なものとなります。

　一方，現場実習の期間が短いとか，障害者の採用に不慣れである場合は現場で決めた採用方針を経営層が改めて確認して採否を判断する場となります。

　なお，最終面接では面接官である経営層から，「雇用方針」として策定した障害者雇用を通して実現したい自社の未来像や，障害者社員への期待を直接話してください。

　法定雇用率が2024年4月に2.5％となり，2026年7月には2.7％に上昇するこ

> ┌─【最終面接でよくある2つのパターン】─────────────
> │ ①現場レベルでの検討を尊重し経営層が追認するような，形式的な（セレ
> │ 　モニー的）要素が強い面接
> │ ②現場レベルでの検討を踏まえて，経営層として結論を出すというような，
> │ 　本来の選考としての面接

とが決まっているため，障害者の雇用市場は売り手市場となっています。障害者を選考することも重要ですが，障害者から選ばれる会社となることが重要です。

　個人的な体感ですが，応募者は2022年頃までは1社にエントリーして選考を進めて，不採用が確定したら次の会社にエントリーする方がほとんどでした。

　現在は同時に4社〜5社程度エントリーして，複数の内定を得て就職先を決める事例が増えています。

　このように，内定を出してもすぐには入社が確定しないケースが増えています。だからこそ経営層が自らの言葉で障害者雇用について話すことが，内定後の歩留まりを高めることにつながります。

(6)　採用前実習の実施

①　言葉だけではわからないもの

　就労移行支援事業所に通所している応募者は，面接の訓練を担当の支援者と繰り返しています。

　特に，志望動機や経歴の説明，障害特性の説明などのあらかじめ質問されることが予想されるものは，いわば演劇のセリフのように暗記している応募者も多くいます。ですので，その受け答えの巧拙では，コミュニケーション能力の判断が付きにくいことがあります。そのため，採用前の実習を行うのです。

3章　自社に合った人材を知る

　なお，実習は，実習を行うための時間的負荷や，人的負荷を見ながら無理の
ない範囲で行ってください。複数営業日にわたって実習ができれば，面接とい
う緊張を強いられる空間ではわからない普段のコミュニケーションの仕方や業
務指示の理解力，ミスをした場合の対応の仕方などを見ることができます。

　また，現場実習で行う業務は，実際にその部署で行っている業務と同じもの
としてください。データ入力などはダミーデータを使うとしても，入力するた
めのシステム画面（エクセルのフォーマットなどでも可）は実業務と同じもの
を使うなど，応募者がその職場で働いている姿をイメージできる業務にするこ
とがポイントです。

② **理解力と修正力**
　採用前実習で見ていただきたいのは，業務指示の理解力とミスをした場合の
修正力です。

ア）**業務指示の理解力**
　入社後は，配属された部署の担当者の業務指示に従って日常業務を行うこと
になります。そして，この業務指示をどれだけ正確に理解できているかがミス
の少なさに直結します。
　実習をしていると，担当者の指示を聞いていない，聞いていても自分なりの
解釈で業務を進めてしまうなどという事象が発生します。
　特に実習で行う業務は，応募者にとって初めて行う業務です。マニュアルを
見ながら，必要な場合はメモを自分で取りながら担当者の指示を聞いているか
などが採否の判断材料になります。

イ）**ミスをした場合の修正力**
　業務のミスは少ないに越したことはありませんが，入社当初は慣れない環境

141

と，慣れない業務でミスが出やすい状況になります。最終的には「慣れ」で解決できる部分も大きいです。

　採用前実習で注意していただきたいのは，ミスが多いか少ないかではなく，ミスをした場合にどのように対応したかを確認することです。

　初めて行う業務なのでミスは必ずします。問題なのは，ミスをしたことではなく，ミスの発見と修正をどのように行ったかということです。

　自らミスを発見し申告したのか，ミスの指摘を受けて素直に修正したのか，反対に担当者の指示の仕方について注文をつけるのかなど，ミスをした場合の本人の対応方法を見ることで，入社後の仕事への向き合い方が推測できます。

　応募者の中には，新卒の場合を除いて，自身の障害特性によってミスを連発し，先輩や上司から叱責を受け続けて会社にいられなくなって転職を繰り返している人も多くいます。このような人は，ミスをしてしまうのではないかと萎縮したり，ミスは自分の責任ではないと他責的になったりすることがあります。

　ミスをした場合は，応募者に，「大丈夫ですよ」などとひと声かけて安心させてから，修正の手順を指示するとか，やり直しをさせるといった対応をしてください。

③　既存社員との関係性

　雇用している障害者社員が各部に1人〜2人程度の配属の場合はあまり気になりませんが，1つの部署にそれ以上いる場合は，既存の障害者社員との関係性も考慮して選考を進めることも必要です。

　特に，その部署でチームを組んで業務を行う場合は，応募者の持つ雰囲気やコミュニケーションのクセなど，いわゆる「相性」も重要です。

3章　自社に合った人材を知る

⑺　内　定

　あらかじめ設定した採用基準に達している場合は，応募者には内定通知書を交付します。

　内定通知書の記載内容は，障害のない応募者の場合と同じです。また，労働契約締結のために各種書類の提出を求めるのも，障害のない応募者と同じです。

　応募者の内定受諾意思が確認できれば，採用活動は終了し，会社は入社に向けた各種準備に入ります。

　この時に，内定者から入社日までにしておくことを聞かれることがありますが，まずは心身ともに調子を整えて，入社日に確実に出社してもらうことが大切です。

　資格取得のための勉強などは，入社後心身ともに安定した後に順次開始すればよいのです。起床時間や就寝時間を就職後の生活に合わせてもらい，就職前から就職後の生活リズムをつくることをアドバイスしましょう。

④　障害の自己理解

⑴　障害の自己理解の重要性

　合理的配慮を考えるうえでも，障害のある社員が自身の特性を理解していることは大切です。自分自身の障害特性を理解し，業務遂行上必要な自身の対応と，周囲の人に行ってもらいたい対応（合理的配慮）を言語化できることにつながるからです。

　障害の自己理解とは，

・体調，コミュニケーション，就業環境の困りごとを振り返り

・これらの経験の客観的把握と自身の特性との関係性を理解し

・円滑な業務遂行のための対処方法の習得する

ことです。

　障害者雇用で特に重要なのは，3番目の「業務遂行のための対処方法を習得する」ことです。
　面接では，体調の悪いときやストレスが溜まってきたときにどのようなことをしたら業務が継続できるようになるかを必ず聞いてもらうようにしています。

　「お風呂に入ってゆっくりします」とか，「布団を頭からかぶって大声で叫びます」などと答える応募者もいましたが，一部の製造業以外に会社に風呂はありませんし，職場では大声で叫ばれても困ります。
　「人のいない場所（会議室）などで少し目を瞑っていれば回復します」とか，「外気を吸ってしばらく静かにしていれば大丈夫です」などの答えが返ってくれば，この応募者は業務遂行のための対処方法を習得しているので，特性の自己理解が進んでいると判断できます。

　自己理解が進んでいない人を採用すると，体調を崩して出社できなくなる，出社しても業務に集中できないなどの問題が入社後1か月から3か月などの比較的短期間に発生します。
　そこまですぐに問題が出なくても，自己理解が進んでいない場合は職場の雰囲気や業務の進め方に馴染めずに1年を経過したくらいで退職することが多くあります。
　採用した社員の定着面からも，採用面接時の自己理解の確認はとても重要になります。

3章　自社に合った人材を知る

　さて，ここまで「障害のある人は自身の特性をしっかりと理解して，業務中の対処方法を身につけていなければならない」とお話ししてきました。しかし，実はこれはとても難しいことです。

　私は，セミナーなどで受講者に次のようなワークをしていただいています。

自己理解疑似体験ワーク

①あなたが直したい「クセ」は何ですか？一つ挙げてください。
②その「クセ」でどの様な困りごとがありましたか？
　気分（気持ち）…どのような気分のときにそうなりますか？
　環境（状況）…どのような状況のときにそうなりますか？
③どの様にしたらその「クセ」が出ないようになりますか？
　（自身の対応）
④その「クセ」が出ないように，周囲の人にはどのように対処してほしいですか？（周囲の対応）

---

　①〜③が自己理解に相当する部分，④は合理的配慮に相当する部分です。

　合理的配慮は①〜③の自己理解があって初めて具体的なものとして明確化されるものです。

　これを，だいたい5分程度で考えて，発表していただくと，先送りグセ，貧乏ゆすり，ため息，「どうせ」などのようなネガティブワードなどいろいろなクセが出てきます。

　もちろん，障害特性とクセは違いますが，自身の特性を知り対処方法を身に付けるという自己理解を自分ごととして置き換えると，その難しさの一端が理解できるのではないでしょうか。

145

こうした気持ちを持って，障害者社員に接するのとそうでないのとでは，職場の雰囲気や障害者社員の働きやすさ，それらの結果としての安定的な就業に大きな違いが出てきます。

(2) 自己理解が不十分な場合

先ほどお話ししたように，自己理解が不十分なまま入社した場合は，最終的に離職につながります。

自己理解とは自己の障害特性がどのような場面で出やすいのか，それに対してどのように自身が対処できるかを理解していることです。

自己理解が不十分だと，面接や採用前実習で会社のスタンスや職場の雰囲気，業務内容や業務の進め方などを体験しているにもかかわらず，これらの体験が選考の次のステップに進むか否かの判断材料に使えない状況が起こります。

自分自身でも判断が付かず，支援員が付いている場合でも支援員に違和感を伝えることができないまま，選考を進めることになります。入社後にそのギャップに耐えられなくなり1年以内の早期離職へと結びついていきます。

3章　自社に合った人材を知る

コラム③
安定的な雇用のための就労移行支援事業所を活用した採用活動

　私は前職では，就労移行支援事業所（以下，「就労移行」といいます）の通所者か通所経験者を積極的に採用していました。また，採用をお手伝いしている企業に対しても，就労移行の活用をお勧めしています。

　就労移行への通所経験のある方々は，「職業準備性」が高い候補者が多いです。職業準備性は，「働くことについての理解・生活習慣・作業遂行能力や対人関係のスキルなどの基礎的な能力（国立障害者リハビリテーションセンター）のことで，職業準備性が高ければそれだけ安定的に働ける確率が高くなります。

　就労移行は，障害者総合支援法に規定されている就労系の障害福祉サービスです。

対象者（以下のすべてを満たす人）
・障害のある人（精神・発達・知的・身体）及び難病のある人
・18歳以上65歳未満の人
・一般企業への就職を希望する人

利用期間
・原則，最長24か月（2年）
・事業所によっては，就職後も最長3年6か月まで「就労定着支援」でサポート

　就労移行では利用者（障害のある人）に，自身の特性の理解，ストレスへの

147

対処法，体調のセルフケアなどによって，職業準備性を高めるプログラムを実施しています。
　また，企業に対しては職場実習（採用を前提としないもの）や企業説明会の開催，就職後の定着支援（障害者社員への定期面談）や就労環境の整備に関する助言等を行っています。

　職業準備性の高い候補者を採用できる以外にも，就労移行の通所者を雇用するメリットがあります。それは次の2つです。
①就職後6か月間の定着支援（面談）が無料で行われる
②就職後6か月経過した時点で，就労定着支援サービスを受けることができる
　（サービス利用は障害者と定着支援事業所の契約により，利用者の経済的負担が発生する場合がある）

■就労移行支援と就労定着支援

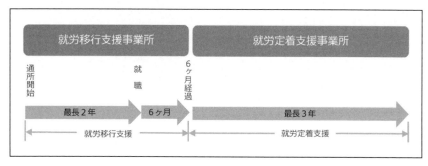

　「就労定着支援サービス」は，定期面談を通して障害者の仕事面や生活面での困りごとの解決のためのアドバイスを行い，安定的な就労を実現させるための障害福祉サービスです。
　これは障害者総合支援法に規定されていて，利用期間は最長3年間で，事業

3章　自社に合った人材を知る

所や就労継続支援Ａ型およびＢ型※，生活介護，自立訓練サービスを利用した障害者が対象となります。定期面談は，月1回で，支援員が企業に訪問する場合もあれば，障害者社員がこれらの事業所に出向く場合もあります。

（※）　通常の事業所に雇用されることが困難な障害者について，就労の機会を提供するとともに，生産活動その他の活動の機会の提供を通じて，その知識及び能力の向上のために必要な訓練を行う事業のことを就労継続支援事業といいます。雇用契約を結び利用する「Ａ型」と，雇用契約を結ばないで利用する「Ｂ型」の2種類があります。

　就労継続支援Ａ型は，事業所と雇用契約を結ぶことから「雇用型」とも呼ばれ，定められた給与も支払われます。対象は18歳以上65歳未満で雇用契約に基づいた勤務が可能なものの，障害・難病などにより一般企業への就職が難しい人です。
　利用者は労働者として働きながら，同時に訓練も受けて就職のための知識・能力を身に付けていきます。ここからさらに就労移行訓練を経て，一般企業への就職ができるように支援を行います。
　就労継続支援Ｂ型では，事業所との間に雇用契約は結ばないので，非雇用型とも呼ばれています。Ａ型の仕事の内容が難しい障害のある人，年齢・体力などから一般の企業で働くことができなくなった人などが対象です。利用者には作業訓練などを通じて生産活動を行ってもらい，できたものに対して賃金が支払われる仕組み。訓練を積んで就労継続支援Ａ型，就労移行支援を目指します。

　前記メリット①の就職後6か月間の定着支援を経て，就職6か月経過時点から始まる②の「就労定着支援サービス」を利用すると，障害者社員によっては，最長5年半の継続的な支援（就労移行支援事業所通所期間2年＋就職後定着支援6か月＋定着支援3年）を受けることができるので，安定的な就労に果たす役割は大きいです。

149

就労移行を採用活動に活用したいときは，直接その就労移行に連絡するとよいでしょう。インターネットで，「自社の所在地の自治体名　就労移行支援事業所」で検索すると複数の就労移行が表示されます。訪問時は自社の事業内容や障害者雇用の状況，人材要件などをまとめた資料を持参して，就労移行側に理解してもらうことで良好な関係が築きやすくなるでしょう。

　複数の就労移行を訪問すると，その雰囲気の違いがわかってきます。就労移行の多くは株式会社が運営母体となっており，各社の経営戦略が運営に反映されていることが多いです。大都市圏では，障害種別毎に訓練コースを分けて職業準備性を高めたり，IT技能の習得に特化した就労移行もあります。重点を置いている職種や業種，障害種別，訓練内容や，利用者の直近の就職状況，就職後の定着支援の体制は必ず確認しておきましょう。

■就労移行訪問時の確認事項

> ① 重点を置いている職種や業種、障害種別
> ② 訓練プログラム
> ③ 利用者の直近の就職状況
> ④ 就職後の定着支援体制

　就労移行では，企業向けの事業所見学会を開催しています。見学会では，訓練の一環で行っている模擬就労の成果発表などを行うので，どのような利用者が通所しているのかを確認することもできます。また，複数の企業が参加しているため，企業間の情報交換の場としても活用できます。
　障害者社員の安定的な雇用のために，就労移行支援事業所の積極的な活用も検討したいところです。

4章

安定的な雇用のために すべきこと

本章では，採用後の配属や定着，教育研修の実施，働きぶりの評価など，障害者社員の心身を安定させ，戦力として活躍できる人材とするための様々な取組みをお話いたします。

1 配属にあたって注意すること

(1) 障害開示範囲と開示内容

　配属される社員の障害については，その内容や合理的配慮事項を職場のメンバーに伝えておく必要があります。

　そうでないと，なぜ1時間ごとに休憩を取るのか，定期的に休暇を取るのはなぜか，定期的な面談があるのはなぜかなどの疑問が生まれてきます。

　職場のメンバーに伝えるにあたっては，障害の内容と伝える範囲を本人と話し合っておくことが必要です。検討すべき事項には次のものがあります。

① 障害の内容について

・診断名を伝えるのか

・障害特性と合理的配慮の内容を伝えるのか

　双極性障害や自閉スペクトラム症（ASD），注意欠如多動症（ADHD）など診断名を伝えることによって，その障害の一般的な特性や周囲の対応方法がわかりやすくなるメリットがあります。

　一方，発達障害を例に取ると診断名は自閉スペクトラム症（ASD）となっていても，その特性は人によってそれぞれ特徴があります。インターネットなどで得られる診断名ごとの一般的な対応方法と障害者社員の特性が合わない場合が出てくることも考えられます。

　障害の内容については，「障害特性と合理的配慮の内容」を伝えることで，障害者社員も職場のメンバーも安心して働くことができます。

4章　安定的な雇用のためにすべきこと

②　伝える範囲について

　障害があることをオープンにして就職したいわゆる「障害者枠」の社員でも，どの範囲まで周知するのかはセンシティブな問題です。

　一般的には，開示の範囲が広いほうが理解を得られる可能性は高いです。所属する部の全員とか，会社の規模が大きくなければ社員全員ということも考えられます。

　ただし，これは，障害者社員を受け入れる職場の人間関係や雰囲気が大きく影響してくるために，本人の希望を確認しつつ決定するようにしてください。

(2)　職場の理解の促進

　職場の理解の深まり方の程度で障害者社員の定着は左右されます。

　ここでの職場の理解は，配属される障害者社員の特性に合わせたコミュニケーションの取り方などの，具体的な方法を理解することにあります。

配属の目的	なぜ配属されるのか，その目的は何かについて周知します。これには，障害者雇用のステップの最初に出てきた会社の障害者雇用に関する方針が影響します。「何のために」は，職場のベクトルを合わせるキーワードです。
合理的配慮事項	具体的な合理的配慮事項を伝えます。過集中を防ぐために，1時間に1回のペースで5～10分程度の休憩を行うことや，定期通院のために毎月第3木曜日は早退するなどという内容です。
業務指示方法など	障害特性によって様々な方法が考えられますが，合理的配慮事項と関連させて，具体的な方法を周知させます。 聴覚障害者の場合は，視界の中に入ってからアクションを起こすとか，あらかじめメールで指示の内容を伝えておいてから，本人にも確認するなどが具体的な方法です。

サポート体制	職場内でのサポート体制，会社としてのサポート体制を周知します。サポートの対象は障害者社員ばかりでなく，障害者社員と接する社員のサポートも含まれます。
緊急時の対応	緊急時の対応は，本人の体調不良の場合と地震や火災などの緊急事態の対応に分けられます。 本人の体調不良時 ・管理職への連絡 ・緊急連絡先や対応を記載したカードの配布（特にてんかんの場合） 緊急事態発生時 ・避難誘導担当者や誘導フローの確認（特に視覚障害者や聴覚障害者の場合） ・避難指示カードの作成（特に聴覚障害者の場合） ・階段等でのストレッチャー操作（特に車椅子利用者の場合）

⑶ コミュニケーションの取り方や業務指示の出し方

　障害者社員の場合，コミュニケーションがうまく取れないことにより不調となる場合があります。配属される障害者社員とのコミュニケーションを取るための具体的な方法を共有することが大切です。

　発達障害者の場合，「あれ・それ・これ」や「ちょっと待っていて」などの曖昧な表現が理解できない場合があります。

　また，聴覚障害者の場合は，よく聞こえるように良かれと思って大声で話しかける人がいますが，かえって音が割れてしまって聞き取れないということもあります。どのようにコミュニケーションを取れば理解しやすいのか本人に確認するとよいでしょう。

　業務指示についても，曖昧な表現を使わずに具体的な指示を行うことや，臨

4章　安定的な雇用のためにすべきこと

機応変な対応が苦手な場合は業務の全体像が把握しやすいように始業時にその
日の予定を伝えて，具体的な指示は都度行うなどの工夫をすることで，円滑な
コミュニケーションが確保できます。

・合理的配慮事項に基づいたコミュニケーション方法を実施する
　（配属後に改めて，理解しやすいコミュニケーション方法について確認する）
・始業時に，その日行うべき業務について整理する。

② 勝負は最初の3か月

　私は37年間の会社員生活で何回も異動を経験しましたが，いつも着任して1
か月程度たったときに，どっと疲れが出てきた記憶があります。未知の環境に
慣れるとともに，心に余裕ができたことで疲労感が一気に襲ってきたのだと思
います。これは，私に限らず多くの方が経験しているのではないでしょうか。
障害者社員にも同じことが言えます。

(1)　最初の1か月～3か月
①　入社日（出社日）
　ほとんどの社員には緊張が強く出ています。中には，入社直後の記憶がない
ほど緊張している社員もいます。
　まずは，声をかけて少しでもリラックスさせることが大切です。
　入社日に必ず行わなければならないことは，労働契約の締結と就業規則など
の規定類の説明です。
ア）労働契約の締結
　障害の有無に関係なく，労働条件通知書に示した内容で労働契約を締結しま
す。雇用形態（正社員や契約社員など）や雇用期間（無期雇用か有期雇用か），
賃金などを，面前で説明し契約書にサインをしてもらいます。

イ）就業規則等の説明

　就業規則には，絶対的必要記載事項といって必ず記載しなければならない項目が定められています（労働基準法89条）。

　就業規則の内容は多岐にわたりますが少なくともこの絶対的必要記載事項については労働契約後に説明し，その他の事項は本人で確認しておくように伝えます。このとき，就業規則のコピーを本人に渡す，社内のイントラネット上の掲載場所を教えるなど，いつでも確認できる状態にしておくことが必要です。

絶対的必要記載事項

○始業時刻・終業時刻
○休憩時間・休日・休暇
○労働者を2組以上に分けて交代に就業させる場合においては就業時転換に関する事項
○賃金の決定・計算・支払方法
○賃金の締切り及び支払いの時期
○昇給に関する事項
○退職に関する事項

ウ）職場のルールの説明

　ここでいう職場のルールとは，就業規則には記載されていない，「不文律的な職場ごとのお作法」を指しています。

　例えば，ある営業部では毎週月曜日の午前9時から，部員全員が出席する朝礼を行います。朝礼は，A会議室で行われます。A会議室では，一番奥の席に部長が座り，向かって右横には営業1課長が，向かって左横には営業2課長が座ります。さらに営業1課長の横には係長2名が座り，同じく営業2課長の横にも係長が座ります。それ以外の課員は入社年次の古い順に奥に詰めて座りま

4章　安定的な雇用のためにすべきこと

す。

　このような「決まり」がある場合は，それをすべて文章化します。多くの職場では，このような決まりを先輩社員が都度教えることになるか，このような座り方を見て，自分がどこに座ったらよいかを判断していると思います。

　その場の「空気を読む」ことが苦手な社員の場合にはそれに気づかずに座ってしまい，気まずい思いをしたりすると思います。同じように「空気を読む」ことが苦手な障害者社員の場合は，気まずい思いをするか，全くそれに気づかずに座っていることがあります。

　またこれを多くの課員の前で指摘したりすると，最悪の場合パニックを起こすこともあります。

　そうならないよう，このような就業規則にも書かれていない職場のルールを，すべて文章に起こして，「ルールブック」として，障害者社員に渡しておくと様々な場面で自分はどのように動いたらよいのかがわかり，不安や心配が少なくなります。

　2章「3(3)心理的安全性と障害特性」（60頁）でもお伝えしたように，障害者社員は不安や心配で頭のなかがいっぱいです。ルールブックをつくることで，少しでも障害者社員の不安や心配を減らすことで，安定的な業務遂行が可能となります。

157

図表4-1 職場のルールブック（例）

2-1 朝礼

当部では、毎週月曜日（祝日の場合は翌営業日）に朝礼を行います。
朝礼では、目標に対する進捗状況や業務に関する重要事項の共有を行います。

開始時刻：9時
終了時刻：9時30分
参 加 者：全員
場　　所：1番会議室
司　　会：課長（持ち回り）
進捗状況発表：各係長

4-1 有給休暇の申請

有給休暇は、取得日時が確定した時点で課長宛てに勤怠管理システムで有給休暇申請を行ってください。
同時に、部内共有フォルダの、「福利厚生⇒有給休暇管理表（エクセル書式）」の各自の取得日欄にも入力してください。

・全日の場合　：全
・午前休の場合：前
・午後休の場合：後
・時間休の場合：取得時間　例）始業から11時まで　9～11
　　　　　　　　　　　　　　　14時から16時まで　14～16

① 取得日時確定
↓
② 勤怠システムで休暇申請
↓
③ 有給休暇管理表（エクセル書式）に入力

＊なお、休暇取得後の「お土産」の配布は当部では行っていませんので購入不要です。
　休暇の際は、旅先で存分に休暇をお楽しみください。

4-2 体調不良時の連絡

感染防止の観点から、無理な出社は控えてください。

出社前の体調不良：始業時刻までに課長または係長に一報
就業中の体調不良：自覚した時点で課長または係長に一報

4章　安定的な雇用のためにすべきこと

エ）同意書の取得

　障害者手帳に記載されている情報は，要配慮個人情報です。就職後も，障害者雇用状況報告書等の作成等で障害者手帳の内容に基づいた申請や申告を行う必要があるため，会社が障害者手帳に記載された情報を利用することについての同意書を取得します。

　なお，厚生労働省の「プライバシーに配慮した障害者の把握・確認ガイドライン」では，事業主は，雇用する障害者社員の身体障害者手帳の写しまたは医師の診断書，療育手帳の写しまたは判定機関の交付する判定書，精神障害者保健福祉手帳の写しなどの書類を備え付けることとされています。また，障害者社員の死亡，退職または解雇の日から3年間の保管が義務付けられています。

〔障害者の雇用の促進等に関する法律施行規則〕

第45条（書類の備付け及び保管）
事業主は，各事業所ごとに，当該事業所において雇用する身体障害者である労働者等について，医師の診断書その他その者が身体障害者，知的障害者又は精神障害者であることを明らかにすることができる書類を備え付けるものとする。
2　事業主は，前項の書類を当該身体障害者である労働者等の死亡，退職又は解雇の日から三年間保存するものとする。

図表 4 - 2　同意書

年　　月　　日

株式会社○○○○殿

同　意　書

私は，私の障害者手帳に記載された情報に関して，貴社が下記の通り利用することについて同意します。

記

1．以下の利用目的に用いること。

　(1)　障害者雇用状況の報告

　(2)　障害者雇用納付金の申告（または報奨金の申請）

　(3)　障害者雇用調整金の申請

2．上記の利用目的のために，毎年度情報を利用すること。

3．貴社が上記の利用目的のために必要な範囲内で，私に対して障害等級の変更（および精神障害者保健福祉手帳所持者の場合は手帳の更新の有無等）等，情報の内容に変更がないかどうかを確認する必要があること。

4．上記の利用目的のために，特例子会社（または関係会社）である貴社の親事業主に当たる株式会社□□□□の人事部に，情報を提供すること。

以上

氏名（自署）：

4章　安定的な雇用のためにすべきこと

②　入社後1か月間

　多くの場合，入社後1か月間はかなりの緊張状態が続きます。

　この期間は，毎日定時に出退社できることを第一の目標とします。時短勤務から徐々に勤務時間を延長する場合も，あらかじめ決められた時間に出退社できることが目標です。

　早く戦力となってほしいからと，様々な業務を教えたりせずに，その職場で基本となる業務に絞って繰り返し行ってもらうことで，与えられた仕事ができたという達成感や，この職場でやっていけそうだと思う自己有用感を実感させることに注力します。

　この期間は，次のことを行いましょう。

ア）声掛け

　体調変化（心理面も含む）に留意して，不調や不安感がみられるときは，早めに声掛けを行います。

イ）焦りの軽減

　早く業務を覚えなければ，先輩社員と同じように業務をこなさなければというような「焦り」を軽減させるため，先輩社員もある程度の日数をかけて業務を習得しているので，本人に焦る必要はないことをはっきりと伝えます。

ウ）できていることの確認

　日次や週次で定期的な振り返りを実施し，何ができているのかを本人に認識させます。「A業務は，マニュアルの○○ページまでは，しっかりとできているね」などと，具体的に何がどの程度できているかを本人に伝えます。

　この場合，褒めるよりは，「確認する」ことが大切です。褒めることは業務習得を促進させる一定の効果はありますが，業務の習得を必要以上に加速させてしまう面もあります。少しでも早く業務を覚えなければならないと焦り気味なのに，褒めることはそれを加速させることにつながります。焦るあまり基本がおろそかになったり，本人の限界を超えてしまい，心身がダウンしてしまう

ことにもなります。

「できているね」と確認することで,「スピード違反」を取り締まるのです。
エ）支援員との連携

本人の高い緊張状態が続く場合や,不安感が表出する場合は,必要に応じて支援員から本人に連絡を取ってもらい,原因を聞いてもらうことも有効です。また,アドバイザー社員（業務指示を担当する非障害者社員）や人事担当者と支援員間の情報交換により原因や対策を考えることも有効です。

図表4-3　入社後1か月間に行うべきこと

③　入社後2か月から3か月まで

入社1か月を過ぎるあたりから,当初高かった緊張感も徐々に低くなり,基本的な業務手順も相当程度覚えられるため,業務中の表情も和らいでくるでしょう。

また,それに伴って,入社当初感じにくかった疲労感を感じ始めるのもこの頃です。

私は障害者社員との面談のときにあらかじめ,入社1か月を過ぎたあたりから,緊張感が減るにしたがって疲労感を感じ始めるという自分の経験を伝えて

4章　安定的な雇用のためにすべきこと

いました。

　これは，誰にでも起こることなので不安になる必要はないともあらかじめ伝えます。本人に体調のセルフモニタリングを行ってもらうことで，「大崩れ」が無いようにしましょう。

(2)　働くことについての認識を共有する

　入社時に行わなければならないことに，「会社は働く場である」という認識をしっかりと共有することがあります。当たり前のことと思われるかも知れませんが，障害者雇用においてこの大切な前提がないがしろにされている場合があります。

　そもそも働くということはどういうことでしょうか？

　働くことの意義を「役割の実現」の観点からみると，社会的な意義と個人的な意義の2つの側面から捉えることができます。**図表4-4**（次頁）の右側に示したように，働くことの社会的な意義は様々な役割に応えることですが，これによって個人としての「満足」が得られます。一方で働くことは社会での様々な役割に個人として応える「充足」として捉えられます。

　働くということは，このような役割を媒介として，社会的な意義と個人的な意義が重なり合うことといえます。

図表4-4　働くことの意義

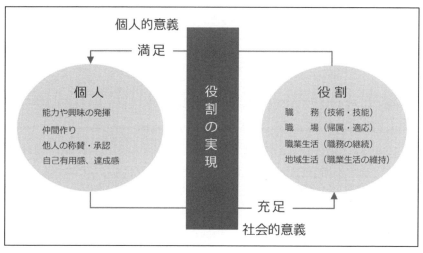

(参考)「キャリア支援に基づく職業リハビリテーションカウンセリング―理論と実際―」松為信雄　＊P22の図1-1を改作

また，働くことは次のような捉え方もできます。

①経済的側面	働くことは，労働力を提供し，その対価として報酬（給与）を受け取ることです。多くの人は，労働者として企業などの組織に属し製品やサービスの生産・運用にあたります。
②法的側面	働くことは，労働基準法などの労働法の法的な枠組みの中で規定される行為です。労働者の権利や義務，労働条件などが法律に定められており，これらの規定に従って行動することです。
③社会的側面	働くことは，社会の一員として役割を果たし，共同体に貢献することです。働くことを通じて他者と協力し，社会的なネットワークを形成することにより自己のアイデンティティや社会的なステータスが確立されていきます。

4章 安定的な雇用のためにすべきこと

④心理的側面	働くことは，個人の自己実現や達成感・充実感を得る手段です。自身のスキルや知識を生かして目標を達成することで満足感や自己肯定感・成長実感を得ることができます。

　捉え方により，様々な側面で分析ができますが，ここで大切なのは，①経済的側面と②法的側面です。

　企業は何のために合理的配慮をするのでしょうか。それは，働いて成果を出してもらうためです。

　障害者雇用における合理的配慮とは，スタートラインが異なる（特性が異なる）人々がその特性による不公平を解消するための手段として，企業が社員に対して行うものです。

　裏を返せば，「合理的配慮を行うので，あとは他の人とイコールコンディションです。ですからしっかりと成果を出してください」ということです。このことを，入社当初に障害者社員としっかりと共有してください。

　「利用者」として就労移行支援事業所や就労継続支援事業所（A型事業所・B型事業所）などの障害福祉サービスを利用していた以前と，「社員」として企業に勤務している今で，障害のある方の立場は明確に異なります。

　前者は，あくまでも利用者＝外部の人（お客様）であり，利用者本人の意向が最大限尊重されます。指導や相談はプライベートなことにも及び，オンもオフも含めて利用者が就職できるように本人の意向を尊重して最大限の取組みが行われます。後者は社員＝労働者（同じ会社の人）としての権利が保障される一方，完全な労働を提供するという義務を負います。

　会社はあくまでも労働する場所であり，自身の障害特性を理解しつつ安定的

な労務の提供をすることが求められる場です。

　そのためには，どのような状況でどのような合理的配慮が必要なのかを障害
のある人自身が自分の言葉で説明できる必要があります。障害特性の自己理解
がとても重要になるのはこのためです。

　また，このことは障害のある人の就職を支援する支援者にもご理解いただき
たいことです。ごくまれに，毎朝一定の時刻に起きることができなくて，規則
正しい生活が送ることができない障害のある人を自立できるようにするのが，
企業の仕事だと思っている支援者がいます。

　障害「福祉」の現場と，企業の労働の場の大きな違いを支援者の方にも十分
ご理解いただきたいところです。

(3)　労働安全管理の重要性

　精神障害や発達障害のある社員には，そうでない社員に比べて音や気温など
の外界の刺激を受けやすく疲れやすい感覚過敏であったり，反対に疲労感を感
じにくい感覚鈍麻であったりすることがあります。

　また，うつ病や双極性障害（精神障害）の場合は気分の変動による活動停滞
や過活動などがみられます。

　入社後に体調をくずして早期離職とならないためにも，体調管理は重要です。

①　メンタルヘルスケア

　身体障害の場合は，個々の障害の身体的なケアが必要となる場合があるのに
対して，知的障害や精神障害，発達障害の場合の安定的な就労のための健康管
理は，一般的なメンタルヘルスケアに準じた管理の比重が高くなります。

　厚生労働省は，職場のメンタルヘルスケア対策として，実施主体別に以下の
4つに分類しています。

４章　安定的な雇用のためにすべきこと

> ア）セルフケア：社員本人によるケア
> イ）ラインケア：上司等によるケア
> ウ）事業場内産業保健スタッフによるケア：産業医や衛生管理者，保健師
> 　　などによるケア
> エ）事業場外資源によるケア：事業場外の機関や専門家によるケア

ア）セルフケア

　セルフケアに関しては，次の２点に気を付けます。

・生活リズムの維持

・体調のセルフモニタリング

　規則正しい生活リズムを維持することがすべての基本です。

　毎日決まった時間に起きて，決まった時間に寝て十分に睡眠時間を確保するようにします。このために，起床してから通勤のために自宅を出るまでのルーティン行動や，終業後に帰宅して寝るまでのルーティン行動などを確立させることが大切です。

　また，ウィークデイとウィークエンドで生活リズムを大きく変えないことも体調の維持には大切なことです。

　オンの集中とオフのリラックスなどのメリハリは重要ですが，起床時間や就寝時間が大きく変わると生活リズムを崩しやすくなり，体調不良の原因となります。障害者社員との定着面談では，体調や気分の変化を注意深く観察するとともに，セルフモニタリングの結果を報告してもらうようにします。

　経済協力開発機構（OECD）の調査によると，うつ状態の人の割合はコロナ禍前の2013年調査で7.9％，コロナ禍の2020年調査で17.3％と約2.2倍に増えています。

新型コロナウィルスで，緊急事態宣言が発令されたとき，社員は基本的に在宅勤務とした会社も多かったと思います。このような状況でしばしば聞かれたのが，メンタル維持の困難さです。

　特に発達障害のある社員は，自身で一定の生活リズムを作り出すことが苦手な社員が多く，それまでは定時の出退社によって半ば強制的に生活リズムが整えられていた面があったのが，在宅勤務によってその生活リズムが崩れてメンタル維持が困難になる社員がいました。

　コロナ禍が去り，効率的な働き方の一環として在宅勤務が取り入れられるようになってきましたが，障害者社員の場合は個々の特性を考慮して在宅勤務の可否や頻度を調整することが必要です。

　双極性障害の場合，定期的に気分の高揚と落ち込みがあり，これに伴って睡眠時間が変化します。

　この場合も，セルフケアとして，毎日就寝時間と起床時間を記録する，睡眠の質を自己評価する，気分的な変化を言葉で記録するなどのセルフモニタリングを行うことによって，大きな流れをつかめて対処方法を考える時間を取ることができます。

　できれば，本人の合意を得て上司ともこうした体調変化を共有できるようにすると，ラインケアがやりやすくなります。

　また，梅雨の時期の湿度や気温による疲れ，夏の暑さと冬の寒さ，ゴールデンウィークや夏季休暇，年末年始休業などの長期休暇による生活リズムの変化など，季節的な影響を受けやすいことにも留意が必要です。

4章　安定的な雇用のためにすべきこと

図表4-5　季節による体調変化

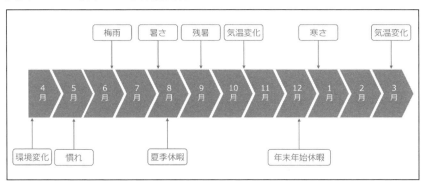

イ）ラインケア

　ラインケアとは，課長や部長などの上司（管理監督者）が部下とのコミュニケーションによって改善措置を講じるなどしてメンタルヘルス対策にあたることをいいます。

　労働者を雇用することによって会社には，労働者に対する安全配慮義務が課されます。障害者社員の場合は，個々人の感覚過敏や感覚鈍麻などの障害特性による体調不良，季節的要因による体調変化が大きくなりやすいことを認識して，ラインケアに取り組むことが必要です。

　具体的には，部下の様子や行動を観察する，定期的な面談（定着面談）を行うことが，挙げられます。

　部下の様子や行動は，毎朝・毎夕の挨拶の観察，遅刻や早退の発生とその原因の把握によってつかむことができます。

　いつもは，元気な声で「おはようございます」と挨拶するのに，今日は消え入るような声だったとか，いつもは始業15分前には着席しているのに最近は始業時間ギリギリで出社することが多いなど，常日頃の観察が大切です。

169

また，定着面談（後記3参照）では，面談に先立って「面談事前記入シート」などを活用して，セルフケアの結果を記入してもらうことや，規則正しい生活をしているか，よく眠れているかなどを障害者社員に質問することによって確認してください。

ウ) 事業場内産業保健スタッフによるケア

社内のメンタルヘルス対策は，事業場内産業保健スタッフが中心となって推進していくこととなります。事業場内産業保健スタッフとは，産業医や保健師などの専門職，社内で選任した衛生管理者（安全衛生管理者）や衛生推進者（安全衛生推進者）のことです。

選任すべき産業保健スタッフは，以下の基準によって異なります。

図表4-6　選任すべき産業保健スタッフ

安全衛生推進者 衛生推進者	常時10人以上 50人未満	安全管理者・衛生管理者の選任が 義務付けられていない事業場
安全管理者	常時50人以上	林業・鉱業・製造業・小売業など
衛生管理者	常時50人以上	業種問わず
産 業 医	常時50人以上	業種問わず

エ) 事業場外資源によるケア

一般的に，障害のない社員でメンタルヘルスの対応が必要な場合は産業医等に相談することもあります。しかし，障害者雇用の場合は，障害者社員が通院していて主治医がいるときはその主治医と，支援機関に登録しているときは支援員との連携が必要となります。

この連携は，障害者社員のメンタルケアをITツールの導入によって効率化することができます。障害者社員が当日の体調などをITツールに入力するこ

4章　安定的な雇用のためにすべきこと

とによって，所属部署の上長や人事担当者などでの共有も可能です。これによって，体調の時系列的な変化が捉えやすくなり，体調が悪化し始める初期に対応できれば，大きな体調変化を防げます。

　体調管理のITツールには，業務日報の機能が付加されているものもあり，業務管理ツールとしての活用もできます。

② 　安全面でのケア

　職場における安全面での対策として，危険を防ぐための設備の整備や作業方法の改善も重要です。特に通勤時の対応と緊急時の対策は障害特性に応じて講じることが求められます。

　障害者社員の労働災害防止策としては施設や設備などの整備（ハード面）では以下のものが考えられます。

図表4-7　労働災害等防止策（ハード面）

視覚障害	○ 視界や視野の制約のために通路の床面の色分けを行い、床と壁面との境界をわかりやすくする ○ 採光が確保できる明るいオフィスだが、視覚障害者には眩しすぎるため、遮光カーテンで作業ブースを覆う
聴覚障害者	○ 足音に気付かないため、通路の角にミラーを設置して衝突を防止する ○ 火災発生をいち早く伝えるために、火災報知器と連動した光警報装置を設置する
肢体不自由	事務室内の通路を拡幅する、開き戸から引き戸へ改装する

　同様に手順やマニュアルなどの整備（ソフト面）では，次のことが考えられます。

171

図表4-8　労働災害等防止策（ソフト面）

聴覚障害者	緊急時のために、「避難してください」などのカードをつくり避難誘導を行う
肢体不自由	加齢による筋力低下を補うために、両手で行っていた機械作業を片手でできるように装置を改造する
知的障害	工場内での指差し確認の徹底のため、指差し確認を行う場所、確認方法などを記載した写真入りのマニュアルを作成する

　通勤は障害の有無にかかわらず様々な負荷がかかるものですが，特に障害者社員にはその負荷が大きいものとなります。

　肢体不自由であれば，通路の段差の有無やエレベーターの設置状況，視覚障害であれば点字ブロックの設置状況が通勤の負荷を大きく左右します。

　発達障害者の中には聴覚過敏による雑踏での疲労や匂いへの反応，精神障害者の中には，電車の閉鎖空間に多くの人がいることへの恐怖など，障害の種別や，障害特性により様々な負荷がかかります。

　通勤経路の変更などでこのような負荷に対応することも検討する必要があります。

　また，意外と見落としがちなのが最寄り駅から事務所・工場への経路と経路上の危険箇所の洗い出しです。

　ホームページで，最寄り駅から事務所や工場へのアクセスマップと，交差点や曲がり角の写真入り案内図を掲載している企業もあります。

　これに加えて障害者社員向けに信号の有無や道幅の記載，交差する道路の交通量の多寡などを記載したマップを配布することにより，通勤災害の防止を図っている企業もあります。

　前職で私は一次面接を行う事業所の最寄り駅からの経路図，最終面接を行う

4章　安定的な雇用のためにすべきこと

本社への最寄り駅からの写真入り経路図を応募者に渡していました。

　面接を受ける緊張や不安を少しでも軽減する意図がありましたが，障害のない方の訪問を受ける際にもこれらの経路図は大いに役立ちました。

　障害のある人の利便性を高めることが，障害のない人の利便性の向上にも役立つ端的な例ではないかと思っています。

③　定着面談で不安を減らす

(1)　定着面談とは

　定着面談とは，障害者社員との定期的な面談のことです。

　いわゆる 1 on 1 で，フランクな雰囲気で障害者社員の業務上の悩みや不安を聞き，アドバイスやフィードバックを行うものです。1 on 1 は新卒社員の定着のためにも行われますが，その狙いや実施方法は障害者社員の定着面談でも同じです。

①　面談事前記入シートの活用

　定着面談を効果的に行うためには「面談事前記入シート」を活用するとよいでしょう。

　面談事前記入シートを活用するメリットには次のことがあります。

・面談内容の抜け漏れを防ぐ

・事前に記入することにより，面談で話す内容をまとめさせる効果がある

・体調などのセルフケアへの意識づけを高める

・時系列的な記録として残せる

図表 4 - 9　面談事前記入シートの例

面談事前記入シート

面談日　　年　　月　　日　　時　　分〜

記入日　　年　　月　　日

氏　名

1．日常生活面

	問題あり	やや問題あり	あまり問題なし	問題なし
①睡眠	☐	☐	☐	☐
②食事	☐	☐	☐	☐
③体調	☐	☐	☐	☐

2．業務面

	問題あり	やや問題あり	あまり問題なし	問題なし
①業務量	☐	☐	☐	☐
②難易度	☐	☐	☐	☐
③適性（向き不向き）	☐	☐	☐	☐

3．コミュニケーション面

	問題あり	やや問題あり	あまり問題なし	問題なし
①同僚社員	☐	☐	☐	☐
②先輩社員	☐	☐	☐	☐
③上司	☐	☐	☐	☐

4．その他記述欄

4章　安定的な雇用のためにすべきこと

② 話を深堀りする方法

　障害者社員との面談と言うと，相手を安心させたり話を聞き出す特別なスキルが必要と思っている方も多いと思いますが，相手の障害の有無は，面談スキルに大きな違いを生じさせる要因とはなりません。1 on 1 に必要なスキルは，一般的に以下のようなものが挙げられます。

図表 4 -10　定着面談に必要なスキルは 1 on 1 と同じ

> ①アクティブリスニング
> ②的確な質問
> ③共感
> ④フィードバック
> ⑤目標設定とアクションプランの策定

アクティブリスニング	面談相手の言っていることを身振り手振り・表情含めて注意深く聞く，話を遮らないなどに注意して，話の内容を理解しようと努める。
的確な質問	具体的で，相手の話に関連した質問をすること。オープンクエスチョン（YesやNoで答えられない質問）を使って，相手に考えや感情を詳しく聞く。
共感を伝える	相手の感情や立場に共感を示して理解していることを伝える。必要であれば，自分の経験を共有して，相手との共通点を見つける。
フィードバックを行う	明確で前向きなフィードバックを行い，相手の成長や改善に結びつくような具体的なアドバイスをする。相手の自信を高める。
目標設定とアクションプランの策定	面談結果を具体的な行動計画に落とし込んで，実行を支援する。

175

障害者社員との定着面談でも，同じスキルが必要となります。

【数値に例えて会話する】
　ただ，コミュニケーションに課題を抱える障害者社員との面談では，淡白な回答のために話が深まっていかないことがあります。

面　談　者：夜はよく眠れていますか？
障害者社員：はい……。
面　談　者：規則正しい生活が送れていますか？
障害者社員：はい……。

　これでは，相手の悩みや不安がどこにあるか，どうしたいのかなどはわかりませんね。

　そこで，私は以下のように数値に例える会話をしています。

　私　：朝，目覚ましが鳴って，パッと目が覚めて，今日も1日頑張るぞ！とベッドからすっと抜け出せる状態を熟睡度100%とすると，最近1か月間の平均は何パーセント？
障害者：そうですね，70%くらいでしょうか。
　私　：70%なんだ。それは，その前の1か月と比べて上がってるの？　下がってるの？
障害者：うーん。ちょっと下がってますね。
　私　：そう。下がってるんだね。それはなぜなの？
障害者：実は，ちょっと気になることがあって。
　私　：気になること？　業務に関することかな？　よければちょっと教え

4章　安定的な雇用のためにすべきこと

　てくれる？

　この会話のポイントは，「そうですね，70％くらいでしょうか」と答えた障害者社員が，1か月前よりも「ちょっと下がってますね」というところです。
　熟睡度を聞いているので，その平均値が高いほうがよいのですが，それよりも大切なのは，その変化（上がってる・下がってる）です。
　この例では，ちょっと気になることがあって下がっているとのことですので，その原因となるものを聞いていきます。この時，原因がプライベートなことであれば深入りせず，支援員などの社外の人に相談するようにさせます。

　このような調子で，私は面談の最初の質問は様々なことを数値に例えて聞いていました。入社して1週間が経った社員には，「初出社の朝の緊張感を100％とすると，今の緊張感は何％？」とか，「入社直後にこなしていたA業務の業務量を100とすると，今こなせている1日の業務量はどれくらい？」などです。
　数値に例えさせる場合に大切なのは，他の人との比較はさせないことです。あくまでも，自身の過去と現在を比較させることにより，成長を実感させることがポイントです。

(2)　面談での過去・現在・未来の話
　繰り返しになりますが，障害者社員が自身のキャリアを考えるとき，あるいは考えさせるときに大切なのは，「他人との比較」をさせないことです。あくまでも，自身の「過去・現在・未来」だけを考えさせることが大切です。

　前職で定着面談を重ねているうちに，私はあることに気づきました。それは，「何とかして○○さんに追いつきたい」という思いを多くの社員が持っているということです。

177

「○○さん」は，高校や大学の同級生であったり，新卒で入社した同期であったり様々で，この就職を機に「少しでも差を縮めたい」という気持ちがあるのです。

障害者社員には，自身の障害特性がゆえに，業務をこなすことができず，ミスを多発して先輩社員や上司からひどく怒られ，人格否定的な言葉を投げ付けられてその会社を辞めざるをえなかった方が多くいます。

「同級生の○○さんは，もう主任になっている」，「前職で同期だった◇◇さんは大きなプロジェクトを任せられている，なのに私は前職もその前の会社も早々にクビになってしまい，やっとこの会社に入ったばかり。大きな差がついてしまった」という思いを抱えている方は少なくありません。

自分がこの会社で活躍して認められたい，給料を少しでも多くもらいたい，リーダーになりたい……。その思いは悪くありませんが，動機がマイナスな感情である限り自身の心に負担がかかります。これは精神障害や発達障害のある社員には特に大きな心理的負担となります。

それであれば，プラスの感情による，前向きな努力をしてもらいたい。そこで私は障害者社員にはことあるごとに，比べるのは，過去の自分と現在の自分，現在の自分と未来の自分であることを伝えていました。

過去の自分と現在の自分を比べれば自身の成長が実感でき，現在の自分と未来の自分を比べればこれからどのように成長していけばよいかがわかります。

これは，障害者社員が自身のキャリアビジョンを考えるために大切な，根底に持っておかなければならない考え方です（具体的なキャリアビジョンの決定については次項で触れます）。

4章　安定的な雇用のためにすべきこと

⑶　面談での障害者社員のキャリアの話

　面談では，具体的なキャリアビジョンの決定についても聞きます。ここ数年，担当する業務に変更はなく，給料もベースアップ分のみの変更だとしたら，あなたはその職場で，その業務担当としてこれからも働きたいと思いますか？

　ほとんどの方の答えは，「No」だと思います。

　これは障害者社員にも同じことが言えるのですが，なぜか障害者社員のキャリアパスを提示し，キャリアビジョンを考えさせる会社は多くないように感じます。安定的な雇用のためには，キャリアパスとキャリアビジョンが必要です。

図表4-11　キャリアパスとキャリアビジョン

	キャリアパス	キャリアビジョン
主体	企業（企業が提示）	社員（社員自身で考える）
内容	仕事	仕事＋私生活

①　キャリアパスの提示

　キャリアパスとは，会社側が従業員に提示するもので，契約社員から正社員への転換などの雇用形態に関するものや，係長や課長などの昇進・昇格のルートを示したものです。障害者社員のキャリアパスには次のようなものがあります。

ア）契約社員から正社員への転換制度

　障害者手帳を取得していることを開示して働く，いわゆる「障害者枠」ではかなり名の通っている企業でも契約社員としているところがあります。

　これは，障害のない社員のように業務スキルの向上が障害特性上見込みづらい，障害のない社員と同等の業務パフォーマンスが見込みづらい，といった事

179

情から，契約社員としているものと思われます。

　今まではそれでも良かったかも知れませんが，売り手市場の中では他社に劣後してしまいます。

　障害者社員の勤怠の状況や業務スキル，やる気などを評価して契約社員から正社員へ転換できる制度を整備する必要があります。

図表 4 -12　正社員転換推薦書の例

人事部長殿

●●

正社員転換推薦書

下記のものを，契約社員から正社員に転換いたしたく，推薦いたします。

氏名（ふりがな）	（　　　　　　　　　　）
所属部署	
入社年月（社歴）	（　　年　　か月）
転換日	年　　　月　　　1日　より
手帳種別	身体　・　知的　・　精神
診断名	

推薦理由

業務面	
コミュニケーション面	
勤怠面	
特記事項	

以上

4章　安定的な雇用のためにすべきこと

　私は前職で採用活動の一環として会社説明会を開催していました。その際，説明後の質問ではかなりの頻度で正社員に転換できるのかという質問を障害のある方から受けていました。

　契約社員の期間は，各社の考え方によりますが，半年または3年程度で正社員への転換を検討できる人事制度とすることが望ましいです。

　半年程度時間を置くのは，勤怠の安定と本人のやる気をみるためです。

　3か月程度の職場順応の時期を経て，業務スキルの習得状況や業務に取り組む姿勢が判断できる時期が入社半年程度経ったときだからです。

　実務面では，業務スキルの習得スピードが遅い社員でも時間をかければ習得できるのであれば，正社員に転換可能とすることが望ましいです。

　障害特性にもよりますが，習得スピードは遅くても一度習得できると確実な業務が行えるのであれば，転換には問題ないと考えます。転換時時点での業務スキルの習得状況は参考程度でも構いません。

　最も注意を要するのは，勤怠面です。遅刻や早退，休暇取得に関しては，障害特性からくるものなのか，不規則な生活によるものか，その原因をしっかりと把握してください。勤怠面に関しては，「勤怠が安定しないのなら，正社員転換はできない」とはっきりと伝えて，本人の自覚を高めることも考えられます。

　なお，契約社員の期間が5年を超える場合は「無期転換ルール」が適用されるので注意が必要です。

【無期転換ルール】

　無期転換ルールは，同一の使用者（企業）との間で，有期労働契約が5年を超えて更新された場合，有期契約労働者（契約社員，アルバイトなど）からの

申込みにより，期間の定めのない労働契約（無期労働契約）に転換されるルールのことです。

有期契約労働者が使用者（企業）に対して無期転換の申込みをした場合，無期労働契約が成立します（使用者は断ることができません）。

（出典）厚生労働省　無期転換ルールとは

イ）OJT担当者への任命

障害の有無にかかわらず，役割を与えるということは本人のモチベーションの維持向上に大きな影響を与えます。

特に，OJT（On the Job Training）は先輩社員が指導役となって新入社員へ実務を通して業務知識やスキルを教えるため，教えられる社員もそうですが，教える側の社員の成長も期待できます。

他の人に教えることを通じて，再度マニュアルを確認し，なぜその方法で作業をしているのか，ミスを起こさないためにはどのようなことに気を付けなければならないか，などを改めて確認することで，OJT担当社員の業務スキルの向上が見込めます。特に，コミュニケーションに課題がある社員には，相手にわかりやすく伝える力や場面ごとの適切な表現方法を習得してもらう格好のトレーニングの場です。

教えられる側の社員の年齢やそれまでの業務経験などを勘案して，入社2～3年目の社員を充てるのがよいでしょう。

ウ）サブリーダー・リーダーへの役割転換

障害者社員が同じ部署に5～6名程度在籍している場合に，アドバイザー社員（業務指示を担当する非障害者社員）から，指示を受けて同じ職場のメンバーである障害者社員に業務指示を行う役割（サブリーダー・リーダー）を担当させることは効果的です。

サブリーダーやリーダーになるためにはどのように業務に向き合えばよいかを考えさせ，主体性や自律性をもって業務を遂行するようになる効果も期待で

4章 安定的な雇用のためにすべきこと

きます。

エ）スペシャリスト（業務リーダー）への昇格

日本の多くの企業では，「仕事ができる社員＝マネジメントが上手な社員」との考えのもとに昇進させ，管理職に登用しています。

マネジメント能力には，コミュニケーション能力が必須ですが，障害特性によってはコミュニケーションが苦手な場合があります。

そこで，マネジメント能力（コミュニケーション能力）と業務能力（特定の業務に関するスキル）を切り離して評価することを考えてください。

例えば，名刺印刷業務のエキスパート，契約書ＰＤＦ化のエキスパートなどを任命して，その業務のマニュアル変更や新人スタッフへの教育などを任せます。

障害者社員をコミュニケーション能力だけでなく，別の軸（業務スキル等）で評価することができ，モチベーションの向上が図れます。

② キャリアビジョン

キャリアビジョンとは，理想的な将来像のことです。障害者社員の仕事上に限らずプライベートも含めた自分の将来像も含まれます。

私は，前職で障害者社員と面談していて驚いたことがあります。それは，多くの障害者社員が自身のキャリアビジョン（キャリアプラン）を持っていないことでした。

高校や大学の友人や，前職の同期に少しでも追いつくだけが目標だという障害者社員の方には，残念ながら自分としての軸がありません。たとえ追いついたとしても，その先にさらに前を進んでいる友人を発見し，その友人に追いつくだけの人生では何も残らないだろうと感じました。

また，今までは目の前の困り事を解決することに全力を尽くしてきたので，将来のことなど考えもしなかっただろうし，周囲の人も将来のことについて考

えてもらおうとは思っていなかったのではないかと感じました。

人と比べない

これはキャリアビジョンを考えるときに重要な視点です。比べるのは自分の過去と現在，それから未来です。

私はプライベートと仕事の両面でどのように過ごしていたいのかを考えて，自分は将来どのようになっていたいのかを具体的に書き出して言葉にするように指導していました。

仕事に関しては，どういう人間になっていたいかを言葉で話してもらうのです。その中には，なりたい自分になるためには今の会社では実現できないということもあると思います。そのようなときは，それも含めて話してもらい，転職が必要であれば，転職までにこの職場で何を実現したいのかを話してもらっていました。

ただし，プライベートなことには関与しません。プライベートなことは，本人が言葉にしてよいと考えられるのならそうすればよいことで本人が希望する以外はわざわざ会社の人間に披露することでもありません。

④ 職場の支援者を支援する

障害者雇用で見落とされがちなのが，障害者社員に業務指示をする非障害者社員（アドバイザー社員）に対するケアです。障害者社員とアドバイザー社員を組織としてバックアップする体制の構築が必要です。

組織としてのバックアップ体制とは，アドバイザー社員を上長がバックアップし，その上長を所属部署としてバックアップし，人事部を中心にして会社が所属部署をバックアップする重層的な体制です。

4章　安定的な雇用のためにすべきこと

　会社はさらに，ハローワークなどの外部資源とつながることにより，公的な支援ネットワークのバックアップを受けることとなり，安定的な雇用管理体制を構築していきます。

図表 4-13　支援ネットワークの重層構造

(参考)「キャリア支援に基づく職業リハビリテーションカウンセリング - 理論と実際-」松為信雄　P263の図18-1をもとに作成。

(1) **支援者を孤立させない**

　障害者雇用では，障害者社員が職場になじめているか，担当業務は順調にこなせているかなどについての関心は高く，障害者社員の定着については関心がもたれます。一方で，その障害者を担当するアドバイザー社員への関心は薄れがちです。

　アドバイザー社員は，障害者社員が業務を順調にこなせるように，職場の他の社員に対して障害者社員との円滑なコミュニケーション方法を伝えたり，わかりやすい業務指示の出し方などのアドバイスを行うことも多いと思います。

その都度適切な指示を行い，業務上のトラブルがあれば先頭に立ってその解決や収拾にあたるアドバイザー社員は，ともすると障害者社員と一体として見られがちです。

障害に関する理解が進んでいない職場や，心理的安全性が低い職場では，障害者社員とアドバイザー社員がセットとなって職場から浮いてしまう存在になります。こうなると，アドバイザー社員には過度な心理的ストレスがかかり，適切な対処が行われない場合には，退職することとなってしまいます。

⑵　上司の関わり

アドバイザー社員に対しては，上司が定期的に面談するなどのフォローが必要です。また，評価項目にアドバイザー社員としての職務遂行に関する項目を設け，組織への貢献を評価することも大切です。

大切なのは，障害者社員への業務指示や職場におけるコミュニケーションについてのアドバイスと，職場の他の社員からの業務依頼への対応やその他さまざまな調整などを，1つの業務として評価対象にするということです。

⑶　組織的な対応

複数の部署があり，各部署に障害者社員が配属されている場合には各部署のアドバイザー社員間のコミュニケーションを確保することも障害者雇用を効果的に推進するために有効です。

担当する障害者社員の障害特性や担当業務は違っていても，業務指示の方法や障害特性への対応方法などを共有することで個別の問題や悩みが解消するなど，問題解決のヒントなります。

私の前職でアドバイザー社員の情報共有会議を開催したところ，当初の想定以上に活発な情報交換が行われました。

会議後には，「障害者社員への業務指示の方法が合っているのかが確認でき

4章　安定的な雇用のためにすべきこと

てうれしかった」，とか「みんな同じようなことで悩んでいたことがわかって自分だけじゃないとほっとした」などの感想が寄せられていました。

　障害者雇用のノウハウを，個々のアドバイザー社員に留めておくのではなく，会社の組織知として蓄積していくためにも，アドバイザー社員の情報共有連絡会を開催することは必要です。

図表4-14　バックアップ体制

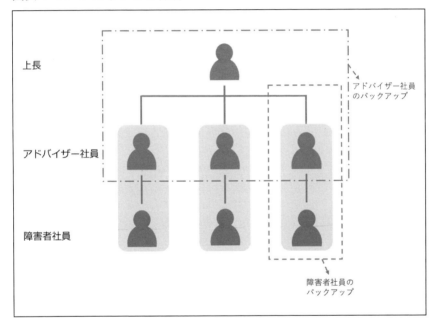

⑷ 上司等の人事異動への対応

　安定して勤務していた障害者社員が突然退職することがあります。その理由として多いのが，上司や業務指示などを行っていたアドバイザー社員の異動です。

　障害者社員の特性を理解して行われていた適切な合理的配慮が無くなってしまったことによって，職場の雰囲気の変化や日常業務のストレスから体調を崩して，障害者社員が退職する……，このようなことが起こらないように，障害者社員の配属当初の障害特性の説明文書や希望する合理的配慮事項を引き継ぐことは重要です。

　また，業務を行う中で当初希望していた合理的配慮が変化する場合もあります。引き継ぎにあたっては，**図表 4 -15**のような引継書を作成することで，引き継ぎの抜け漏れを防ぐようにしましょう。

4章　安定的な雇用のためにすべきこと

図表4-15　引継書の例

引　継　書

記入日：　　年　　月　　日

氏名		診断名：
担当業務		
合理的 配慮事項		

1．体調管理

ストレス	ストレスを 感じやすい場面	
	ストレスのサイン	
	本人の対処方法	
通院頻度	頻度	（　　　　　）週間に1回
	休暇の有無	□1日休　　　　□半休　　　　□時間休
服薬	有無	□あり　　　□なし
	副作用	□あり（　　　　　　　　　　　　　　　）　　□なし

2．勤務状況

作業環境	避けたいもの や状況	□音　　　　□照度　　　　□匂い その他（　　　　　　　　　　　　　　　）
小休憩	要不要	□要　　　□不要
	頻度	（　　　　）時間に1回
休憩時の過ごし方		□一人で過ごしたい　　　□希望なし

189

（裏面）

3．コミュニケーション	
業務中の会話	□相手や場面に対して臨機応変に対応できる □やり方が決まっているものであれば対応できる
職場内の会話	□自分から話しかけることができる □話しかけるタイミングがわかれば可能 □声をかけてもらうほうが話しやすい
相手の気持ちや 考えの読み取り	□話の内容，表情，身振り，声色を読み取ることができる □読み取りは苦手だが，質問して相手の気持や考えを確かめられる □気持ちや考えは，言葉で明確に伝えてほしい

4．作業遂行	
指示の伝達	□あれ・それ・これなどの抽象的な表現は避ける □メモが追いつけるスピードで話す □ポイントを簡潔に伝え，詳細は文書で示す □一度の指示数は限定する
指示の理解	□口頭説明　　　□見本の提示　　　□文書での説明 □図・絵・写真で説明　　　□マニュアル・手順書で説明
作業の順位付け	□経験のある作業であれば自力で対応可能 □経験の有無にかかわらず，具体的な助言が必要 □業務が終了したら，次の業務を指示する
予定変更への対応	□経験のある作業であれば自力で対応可能 □具体的な対応方法を教えれば対応可能 □予定変更を早めに伝えれば対応可能 □現在の作業が終了すれば，予定変更可能
正確性の担保	□作業速度より正確性重視 □正誤の判断基準・確認方法は具体的に教える □作業結果を他の人にチェックしてもらえれば安心
作業のペース	□周りのペースに合わせて作業できる □自分のペースで作業を行いたい
特記事項	

4章　安定的な雇用のためにすべきこと

(5)　支援機関の活用

　ここまででお伝えしてきたように，支援機関を活用することは安定的な障害者雇用につながります。

　人的資源が限られた中小企業は，医療や福祉の専門家とつながることで効果的な対応が可能となり，雇用ノウハウを積み上げることができます。

　障害者社員へ業務指示を担当する社員やその上司などが疑問や不安を抱え込まないように，外部の専門家を活用することが大切です。

　ただし，支援機関も万能ではありません。ハローワークや障害者就業・生活支援センター，ジョブコーチなど外部の専門家は，障害者社員が所属している部署や障害者雇用の責任部門である人事部などに支援が限定される場合があります。支援機関は，支援される障害者社員を起点とした障害者雇用の専門家ではあっても，会社全体を支援できるとは限らないからです。

　会社全体を俯瞰できる能力のある人事系のコンサルタントのアドバイスを受けつつ，個々の専門家の支援を受けることが望ましいです。

⑤　何がミスをさせたのか

(1)　フォローアップミーティング

　採用面接で障害のある方が希望する合理的配慮を確認すると，かなり高い確率で，「感情的な叱責はしないでほしい」との希望をお聞きします。

　不安感が強い職場の環境下で障害特性によってミスが多発し，「あれ・それ・これ」などの曖昧な指示が理解できなかったことから期待どおりの業務ができずに，人格を否定されるような叱責を受けて会社に居づらくなり退職に追い込まれた経験を持つ人は多いです。

　このようなことが「合理的配慮」として挙げられること自体が，職場の在り

方を再考しなければならないことだと思います。

　では，ミスが発生した場合にはどうすればよいのでしょうか。

　それは，「何があなたにミスを発生させたのか」という視点で，原因を探り対策を立てて実行することです。間違っても，「なんでミスしたんだ！　二度とするな」とか，「ミスばっかりしやがって！　辞めてしまえ」などの感情的な叱責はしないでください。

　障害の有無にかかわらず，感情的な叱責は恐怖と不安をかき立てるだけで何ら建設的な防止策を生み出すことはないのです。

　ミスは，本人の不注意から起きることや，マニュアルの理解不足から起きることもあるでしょう。また，実際に行われている業務のやり方が，マニュアルには詳しく記載されておらずミスにつながる場合もあるでしょう。あるいは，マニュアルの書き方があいまいで理解しづらいこともあるでしょう。

　ミスが起きたときにしなければならないのは，なぜミスが起きたのかということを冷静に検証することで，感情的に叱責することではありません。

　ミスの原因を探り，対策を検討するためには「フォローアップミーティング」が必要となります。

　フォローアップミーティングの出席者は，検討する業務に関係する社員です。フォローアップミーティングは，以下の要領で行います。

- 前回の開催日以降に起きたミスで，注意が必要と思われるものを列挙する
- 列挙されたミスを，業務ごとに分類する
- 特に重要と思われるミスを選定する
- 原因として考えられるものを列挙する
- 対策を考える
- マニュアルに反映する

　大切なのは，犯人捜しをすることや，責任の追及をすることではありません。

4章　安定的な雇用のためにすべきこと

あくまでも，何がミスをさせた原因かを考えることです。

　障害者社員同士で検討する場合は，断定的な物言いなどによるトラブル等に注意してください。
　発達障害のある社員の場合，「べき思考」とか，「しろくろ思考」と言われる特性を持つ社員がいる場合があります。
　ミスの発生した時の状況や相手の考えを考慮することなく，「あの状況のときは○○すべきだった」とか，誰が悪かったのかはっきりさせないと気が収まらないなどの特性です。このような特性を持つ社員の場合，議論の成り行きなどを無視して自分の考えを口にするので，感情面でのトラブルに発展する場合があります。
　このような場合は，業務指示を行う社員がファシリテーターとして，検討を進めるとよいでしょう。
　具体的には，「相手の話は途中で口を挟まずに最後まで聞く」とか，「発言するときは挙手をして指名されたら行う」などのルールを設けて議論の流れをコントロールします。

図表4-16　フォローアップミーティングの手順

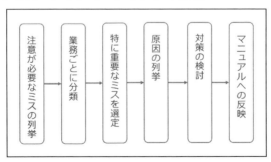

(2) **客観視と自分ごと**

　フォローアップミーティングは，障害者社員自身が自己の業務遂行を客観視するとともに，自分ごととして考えるきっかけを作り出します。

　今まで自身の特性と職場環境のミスマッチを原因として，上司や先輩から厳しく怒られてきた社員ほど，「ミスをしてしまった，どうしよう。また怒られる」との意識が強く，不安と恐怖でオロオロするばかりで冷静にミスを振り返る精神的な余裕や時間的な余裕はありません。さらに，ミスの原因を他の社員に押し付けようとさえする社員もいます。

　これでは，「ミスの発生➡感情的な叱責➡表面的な振り返り・原因の他責的な押し付け➡ミスの発生」という負のループから抜け出すことはできません。

　ミスは誰にでも起こりうることです。大切なのは，なぜミスとなったのか（原因の探索），再びミスを起こさないためには何をすべきか（再発防止策の検討）というサイクルを回すことです。

図表4-17　叱責ではなく原因の探索

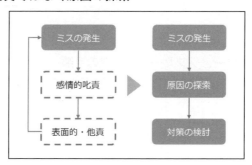

(3) **マイナスをプラスに**

　業務でのミスは，そのミスの修正や同じようなミスを起こしていないかなどの点検で時間的なロスを発生させ，精神的な負荷がかかります。このような観

4章　安定的な雇用のためにすべきこと

点だけで見るとミスで発生したマイナスは，決してプラスになるものではありません。

　しかし，障害者社員の社会人としての成長という観点から，より中長期的な視点で捉えると，プラスの効果が見込まれます。ミスの原因を冷静に振り返り，対策を自ら考えることで業務に対する主体性が増します。また，これらを他者と検討する中でコミュニケーション能力の向上がみられたり，より，アサーティブな会話（相手の気持ちを配慮したうえでの自己表現や自己主張）を心掛けるようになることにもつながります。

6　教育研修と評価

　1章でご説明したように，これまで障害者雇用促進法では企業に対して障害者社員に対する「適当な雇用の場の提供」と，「適正な雇用管理」などを事業主の責務としていました。2023年4月の改正によって，これらに加えて，「職業能力の開発・向上に関する措置」も追加されました。

　これは，今までの量的拡大に加えて質的な向上も図る政策の転換です。事業主には，今まで以上に障害者社員に対する教育研修の実施と，その能力の公正な評価が期待されています。

(1)　期待感を伝える

　一般的に，人はどのようなときに能力を向上させ，成長するのでしょうか。「ピグマリオン効果」という言葉をご存じの方も多いかもしれません。これは，「人は他者に期待されるほど意欲が引き出されて，成績が向上する」というギリシャ神話にちなんだ教育心理学の法則の1つです。

　1963年に教育心理学者のローゼンタールがネズミを使った実験によりこの効果を論証し，1964年にサンフランシスコの小学校で行われた実験が有名です。

195

実験では，テストの前に教師に対して「今後，学力が伸びる生徒」のグループの名簿が渡されました。実はこの名簿は無作為に抽出した名簿でしたが，教師は名簿に名前の載った生徒に期待をかけ，その結果期待をかけられた生徒の学力が向上した，というものです。

　障害者社員に対する研修を行う場合にも，研修の冒頭の時間でこの「期待感」をはっきりと伝えてください。

　私が前職で行った社内研修では，冒頭の挨拶で，「なぜこの研修を行うのか」，「会社は何を期待しているのか」について時間を割いて説明していました。研修の個別のプログラムの狙いと期待効果はもちろんですが，会社が予算をかけて研修に時間を割く意味や，会社として今後どのような社員になってもらいたいかという期待感を伝えていました。

　人は，誰かから期待されればその期待に応えようとするものです。期待されることによって，自己肯定感と自己有用感が向上し，研修へ主体的に参加する態度を生み，研修で伝えられる知識やノウハウはより効果的に個々人に蓄積されていきます。

(2)　効果的な研修とは

　では，どのような研修を行えばよいのでしょうか。

　基本的には，障害のない社員に対して行う研修と同じ考え方で問題はありません。入社時に行う，「入社時研修」，入社半年後とか1年後に行う「フォローアップ研修」，リーダー層に行う「リーダー研修」など対象となる社員の在籍年数や階層によって研修内容は異なりますが，それと同じ考え方を障害者社員に対する研修にも適用します。どのような研修を行うのか，その概要を見ていきましょう。

4章　安定的な雇用のためにすべきこと

①入社時研修のメニュー	○**報・連・相** ・報連相とは ・報連相の重要性 ・効果的な報連相の仕方 ・ワーク（ケーススタディ） ○**タイムマネジメント** ・タイムマネジメントとは ・代表的なタイムマネジメント手法 ・タイムマネジメント計画の作成 ・ワーク（ケーススタディ） ○**ミスの予防** ・ミスの原因 ・ミスの予防 ・効果的な振り返り方法 ・ワーク（ケーススタディ）
②フォローアップ研修のメニュー	○　**セルフコントロール** ・心身を安定させる方法を掴む ・環境に影響されにくくするためのコツ ・ワーク（ケーススタディ） ○　**傾聴** ・傾聴とは ・傾聴の必要性 ・傾聴の方法 ・ワーク（ケーススタディ） ○　**他者理解** ・多様性の時代 ・価値観の違いを理解する ・目の前の相手を理解する ・ワーク（ケーススタディ）

③リーダー研修のメニュー	○ **目標設定** ・目標と目的 ・良い目標とは ・定量目標と定性目標 ・ワーク（ケーススタディ） ○ **問題解決** ・目標解決力を身につける ・問題の分析と解決策 ・問題解決に要する時間とその効果 ・ワーク（ケーススタディ） ○ **他者支援** ・他者支援の必要性 ・関係性の構築 ・ワーク（ケーススタディ）

　以上のような障害者雇用に関連した教育プログラムを，障害者の教育に精通した研修会社やコンサルタントへ相談してください。

⑶　**目標管理制度**

　障害者社員が働き甲斐をもって働き続けるためには，「評価」を行うことが大切です。もし，自分の頑張りが評価にも給料にも全く反映されなかったら，あなたはどうされますか？

　一生懸命作業をしてもそうでなくてもプラス評価もマイナス評価もされず給料も変わらなければ，適当に作業するか手を抜いて作業して給料をもらおうと考えても不思議ではありませんね。

　評価の仕方には様々な手法がありますが，パーソル総合研究所が2021年3月に行った「人事評価制度と目標管理の実態調査」によれば，目標管理制度を導入している企業は53.8％に上っています。その中でも3割超の企業で導入され

4章　安定的な雇用のためにすべきこと

ている，MBO（Management by Objectives）を用いた目標管理について，ここではご説明いたします。

① **MBO（Management by Objectives）とは**

MBOは，「目標管理制度」と言われ，経営学の父と言われたピーター・ドラッカーがその著書『現代の経営』で示した手法です。

会社の目標と社員の目標をリンクさせて，社員が会社の目標に基づいて自主的に目標を設定し，その目標の実施や進捗管理を自ら行うというものです。上司から与えられたノルマや目標ではなく，自主的に設定した目標なのでやらされ感が少なく主体的な行動を生みやすいなどの特徴があると言われています。

目標管理制度のステップ

・**目標の設定**
　具体的かつ達成可能な目標の設定

・**行動の計画**
　目標達成のための行動計画の立案

・**自己管理**
　個人の自主的な行動と進捗の管理

・**評価・改善**
　目標達成度の評価と行動計画の修正

図表4-18　目標管理制度

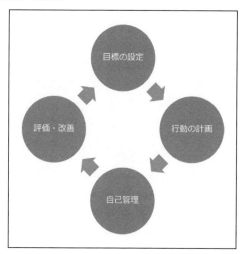

（出所）　パーソル総合研究所「人事評価制度と目標管理の実態調査」
　　　　　パーソル総合研究所「MBO（目標管理制度）とは？」

② 障害者社員の目標管理制度の実際

　実務上の経験から，障害の種別にかかわらず目標管理制度を導入することは社員のモチベーション向上，主体性の向上に有効だと私は考えています。
　障害者社員の特性や障害の程度（重度か軽度か）などによりますが，実務経験から目標は3つ程度とすると有効に機能すると考えます。目標は例えば次の3つです。
ア）本人の業務に関する定量的目標
イ）本人の業務に関する定性的目標
ウ）グループ（課や係）に対する組織貢献目標

4章　安定的な雇用のためにすべきこと

ア）本人の業務に関する定量的目標

　これは業務量や所要時間に関する目標です。具体的には次のようなものになります。

・A業務の完成品数を1日平均10個にする。そのために，業務開始前に必要となる部品数を確認し，作業途中の補充によるタイムロスをなくす。
・B業務に要する時間を，週平均○時間に短縮する。そのために，業務開始前にマニュアルを一読し，作業内容を把握するとともに，不明点の解消を図る。

イ）本人の業務に関する定性的目標

　これは，次のようなものがあります。

・主要業務であるA業務・B業務・C業務の業務改善提案を行う。
・担当業務であるD業務の基本的な業務フローを理解して，ミスを少なくする。

ウ）グループ（課や係）に対する組織貢献目標

　この目標には，次のようなものがあります。

・後輩社員からの質問には積極的に対応し，○○チームの業務品質の向上に努める。そのために，よく質問される箇所はマニュアルを熟読し，内容を把握しておく。
・フォローアップミーティングでは，ミスが発生した状況を冷静に注意深く分析し対応策を積極的に提案し，課の業務品質の向上に貢献する。

　個人目標とともに組織貢献目標を設定することで，個と集団を意識させ，所属している課や係を「自分の居場所」として感じさせることが，安定就労のためのポイントとなります。

　単に目標を掲げさせるのではなく，「そのために…何をどのようにする」のかを具体的に記載させます。「何をどのようにする」部分を，具体的なプロセス評価のポイントとします。ただ目標を達成すればよいのではなく，そのプロセスが重要であることを認識させるようにしましょう。

201

図表 4-19 目標管理シートの例

目標管理シート

令和　　　年　　月 ～ 令和　　　年　　月

所属 _____

氏名 _____

	期初設定	期末実績
目標①		
目標②		
目標③		
本人記入欄（期初設定目標以外に注力した事項）		

4章　安定的な雇用のためにすべきこと

⑷　マネジメントスキルと業務スキル，2軸の評価

　日本の会社が取り入れている評価制度の多くは，「業務能力の向上≒マネジメント能力の向上」という前提があります。「名選手＝名監督」という考え方ですね。

　しかしこれには問題があります。多くの企業で実感されていると思いますが，名選手は必ずしも名監督ではない（「名選手≠名監督」）ことはよくあります。

　マネジメント能力を構成する4つのスキルには，

　①目標を設定し，伝える力

　②目標への進捗を管理する力

　③状況を把握する力

　④業務遂行能力

が挙げられます（村尾佳子：グロービス経営大学院　経営研究科　副研究科長 GLOBIS CAREER NOTE 2024.5.14「マネジメント能力とは？　4つの必須スキルと高める方法」）。

　従来の職能等級資格制度では，業務実行スキルを高めつつ組織マネジメント能力も高めた社員が管理職として登用されていました。

　伝える力や進捗管理能力・状況把握能力を発揮することは，自身の特性によりコミュニケーション能力やマルチタスク対応能力に課題のある障害者社員にとっては，ハードルが高いものとなります。

　これでは，多くの障害者社員はいつまで経っても評価されず，給与の引き上げも定期昇給による小幅なものに限られ，仕事へのモチベーションを維持することは難しくなります。

　頑張っても評価されない➡評価されないのでモチベーションが維持できない➡業務処理速度の低下やミスの発生と，負のスパイラルをたどることにもなりかねません。

203

この解決策として，社員のキャリアを長期的にサポートする「マトリクス人財育成制度」(安中繁『新標準の人事評価』日本実業出版社）があります。
　私は前職ではこれに発想を得て，マネジメントスキルと業務スキルの2軸で評価する手法を導入しました。なお，本来であればこれらの評価に給与レンジを設定するのですが，社内の他の評価制度との兼ね合いで給与レンジを設定するまでには至りませんでした。**図表4-20**はこの手法を応用した評価体系のイメージです。

図表4-20　2軸評価（イメージ）

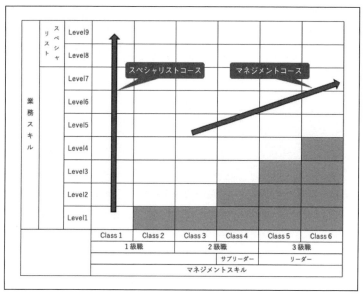

　この2軸評価を，実際の評価に当てはめてみると，次のようになります。

4章　安定的な雇用のためにすべきこと

> Aさん：コミュニケーションは不得意だが，特定の業務のスキルは高い
> Bさん：業務スキルは平均レベルだが，コミュニケーション能力は比較的高い

　従来の考え方ですと，上記のAさんの業務スキルの高さは，コミュニケーションスキルの低さに引きずられるために，全体としての評価は低いものとなります。

図表4-21　従来の考え方の評価でのプロット

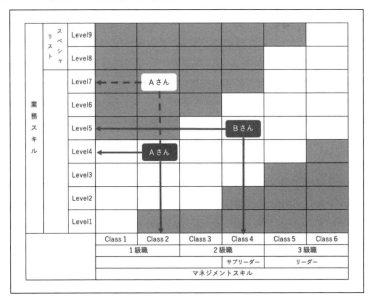

　2軸評価の考え方（**図表4-22**）では，業務スキル（縦軸）とマネジメントスキル（横軸）はそれぞれ独立して評価するため，Aさんの業務スキルの高さはトータルな評価に反映されます。

図表4-22　2軸評価でのプロット

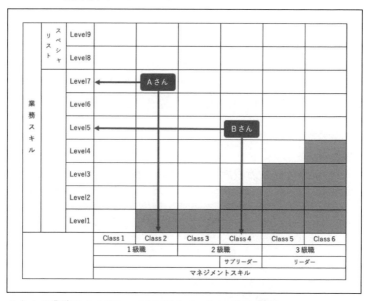

Aさんの業務スキルはLevel 4ではなく，Level 7と評価

4章　安定的な雇用のためにすべきこと

> コラム④
> 戦力としての障害者雇用　〜多摩エレクトロニクス株式会社〜

　多摩川の支流の浅川沿いに工場を構える八王子市の多摩エレクトロニクスは，半導体部品の加工を主業としています。同社の従業員は約106名，雇用している障害者社員は8名で，2023年6月1日時点での実雇用率は9.27％になります。

　障害者雇用のきっかけは，「人手不足対策でした」と，取締役第二事業部長の安井周治氏は語っています。心臓にペースメーカを装着し重度の身体障害（内部障害）となっている社員がいることから，すでに法定雇用率は達成していました。

　当時のパート社員とアルバイト社員の大半の勤務時間は，10時から14時半まででした。10時から14時半までの勤務時間としたのは，パート社員が近所の主婦だったので，子どもの送り迎えが必要だったからです。設備を稼働させたいが，人手不足で稼働できない時間が発生していました。

　フルタイムで募集しても既存のパート社員たちがいるため余剰人員となってしまうし人件費も発生します。八王子市には大学も多いですが，製造業は学生アルバイトとしては人気がありませんでした。

　そのような状況が続いていた8年前のある日，安井氏は親しくしていた社会福祉施設から企業実習先として利用者を受け入れてほしいと打診を受けます。安井氏は障害に関する知識はありませんでしたが，

その実習生に基盤にデータを書き込む作業をしてもらったところ,「思いのほかできるな」という印象を持ちました。

　そして,その実習生は障害特性によって朝起きることが難しかったので,午後からの勤務を希望していました。パート社員たちの業務が終わる午後から夕方までの出勤であれば,余剰人員が発生することもなく,設備の稼働時間も増えます。「じゃあ,雇用しましょう」,こうして障害者雇用が始まりました。

■雇用形態による就業時間の違い

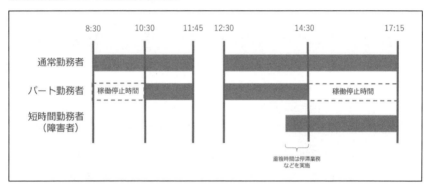

　障害者社員が雇用できた要因として,安井氏は以下の3点を挙げます。

① 　パート・アルバイト社員の退社後を補うことができた
② 　流れ作業ではなく,自分のペースでできる一人で行う作業だった
③ 　他者とのコミュニケーションが少なくて済む作業だった

4章　安定的な雇用のためにすべきこと

■障害者社員の雇用状況

障害種別	等級	雇用形態			就労時間帯	就労時間 （1日あたり）	週20時間 未満
身体	1級	正社員	無期雇用	通常	8：30〜17：15	7.75時間	
身体	1級	準社員	有期雇用	シフト昼勤	8：30〜20：30	10.50時間	
精神	2級	P／A	有期雇用	3日/週	9：00〜15：00	5.25時間	該当
知的	4級	P／A	有期雇用	3日/週	14：00〜17：00	2.75時間	該当
精神	2級	契約社員	有期雇用	4日/週	8：30〜17：15	7.75時間	
発達	3級	P／A	有期雇用	4日/週	13：00〜17：00	3.75時間	該当
精神	2級	P／A	有期雇用	5日/週	12：30〜17：15	4.25時間	
知的，発達	2級	P／A	有期雇用	4日/週	9：00〜17：00	7.00時間	

P／A＝パート・アルバイト社員

　現在，安井氏は，4箇所の障害福祉事業所と連携して，採用活動を行っています。

　工場見学➡作業実習➡面接➡採用という流れで重視するのは，作業実習では作業とのマッチングと応募者の特性のアセスメント（評価）のためです。採用時には必要であればご家族や支援者を交えて就労条件の調整をし，月1回の本人・支援者・職場責任者の三者での面談も行っています。

　障害者社員を雇用していく中でトラブルも起きました。

　ある障害者社員が，作業の管理者と他の作業者に不信感があると訴えてきたことがありました。「管理者は自分が必要なタイミングで対応してくれないし，他の作業者は自分より作業ができていない」という内容でした。

　管理者や他の作業者にヒアリングしたところ，自分の基準で判断することによる不信感やストレスがこの障害者社員にあることがわかりました。不眠や遅刻も増えてきたために最終的には他の作業に配置換えを行いました。

安井氏は，「ジョブマッチングの不備ではなく，人間関係の問題であった。障害者社員の言い分だけを聞くのではなく，相手方の意見も聞いて公正な対応をすることが必要だ」と語っています。

安井氏はまた，雇用後も支援機関との連携を継続して，障害者社員の離職の危機を防いできました。知的障害のある社員は普段から体の調子が優れず早退ぎみであったため，支援者に通院時の同行を依頼するとともに食生活の改善指導も依頼しました。

自閉スペクトラム症の社員は，作業中の居眠りが散見されたため面談を行ったのですが，本人からは理由が聞けなかったことから支援員に相談したところ，親の病気の看護と家事を行っていることでの疲労と心労が原因であると判明しました。

また，不満を漏らす社員にはヒアリングも行います。職場の上司や管理者に話しづらい内容であれば支援員にヒアリングしてもらい，支援員から会社にフィードバックをもらうことで，対応策を検討します。

「企業は医療機関や福祉機関ではないため，障害者社員だけに偏った対応はできない。そのために支援機関との連携を密にして，サポートの負荷を減らすことが必要だ」と安井氏は語ります。そして，今後の課題として，企業間連携の重要性を挙げられました。「中小企業は問題発生時に自社のみで抱えるのではなく，横の連携で知恵を出し合うべきです」

「一人で頑張らない」安井氏のような柔軟な姿勢が障害者雇用には必要だと私は感じました。

多摩エレクトロニクス株式会社 概要
代表取締役　米丸卓郎
資本金1,000万円
従業員106名
IRカットフィルターの設計開発・製造・販売
受託事業（各種素材の加工、半導体ICの書き込み等）

5章

企業戦略としての障害者雇用

本章では，単に法定雇用率を満たすためだけの障害者雇用ではなく，障害者雇用を企業戦略として捉えて，障害の有無にかかわらず誰もが活躍できる会社にして，事業の持続的な発展を可能とする方法についてお話します。

現在の日本は過去に類を見ない勢いで人口が減少しています（**図表 5-1「日本の総人口の長期的推移」**）。

今の日本の労働法の体系や年金・健康保険などの社会保険のシステムは、第二次世界大戦後の人口急増時に制定され運用されているものですが、坂道を転げ落ちるような人口減少に直面している現在は、企業も従来の考え方と異なった考え方で事業を運営していく必要があります。

図表 5-1　日本の総人口の長期的推移

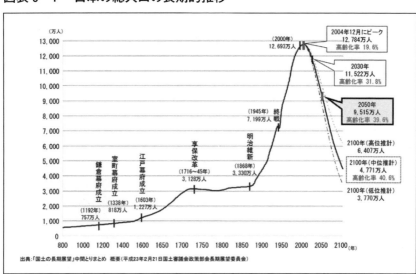

15歳から64歳の人口である「生産年齢人口」は、1995年約8,700万人をピークに減少に転じており、2020年には約7,500万人と約1,200万人減少しています。

15歳以上人口のうち、就業者と完全失業者を合わせた人口である「労働力人口」は2010年に6,634万人、2020年には6,904万人に増加しています。これは、女性と高齢者の労働参加が増えたためです。

5章　企業戦略としての障害者雇用

　労働力人口は，経済成長と労働参加が進展するとする楽観シナリオでは2030年頃に6,940万人のピークを迎えますが，その後は緩やかに減少していきます。一人あたりゼロ成長と労働参加が現状程度とする悲観シナリオでは，2020年をピークに減少していきます。

図表 5-2　労働力人口の推移

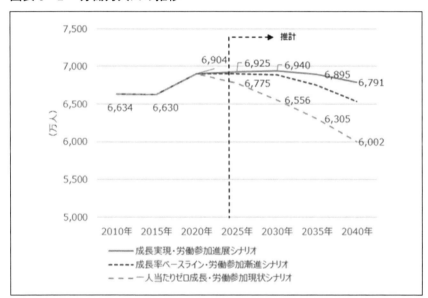

（出典）　独立行政法人 労働政策研究・研修機構　2023年度版 労働力需給の推計（速報）2024年3月11日発表資料より

　いずれにせよ，女性や高齢者を労働力として活用できた企業はダイバーシティ企業として人材獲得面で優位となります。
　人材獲得力では大企業に劣後することが多い中小企業には，障害者雇用を社会貢献や法令遵守ではなく，多様な人材に対応する人材獲得戦略として捉える

213

ことが求められています。

本章では，障害者雇用を経営戦略の中でどのように位置づけていくかについて見ていきたいと思います。

1 障害者雇用のメリット

経営者とお話する中でよく質問されるのが，「障害者雇用のメリット」です。

このような質問をされる経営者の方には，障害者雇用を「障害者社員の生産性」という狭い範囲で判断するのではなく，より広い視野で障害者雇用を捉える重要性を私はお話しています。

(1) 多様な視点と考え方の醸成

ここまでお話してきたように，障害のある人を雇用することで新たな気づきや視点を得ることができます。職場の多様性が向上することにより，障害のない社員も働きやすい職場ができます。

バブルの頃，栄養ドリンクのコマーシャルで「24時間働けますか？」というキャッチフレーズがありました。新語・流行語大賞にもランクインするほどで，当時の世相をくっきりと映し出していました。

この頃（1989年）の企業は，残業や出張をいとわず単身赴任もこなす男性の正社員が中心で，女性は補助的な業務を担当し結婚後は退職する寿退職が一般的でした。

均質化した集団は，共有された価値観や文化がありコミュニケーションコストが下がるため迅速な意思決定ができる，メンバー間での共通の目的や目標の理解度や一体感が高まり，強い結束力を発揮するなどのメリットがあります。

5章　企業戦略としての障害者雇用

　一方，均質的な集団では，視点に偏りが生まれて新たなアイディアが生まれない，急激な環境変化や新たな挑戦に柔軟に対応することができないなどのデメリットもあります。

　ソニーでは，2025年度までに，原則すべての商品やサービスを障害者や高齢者に配慮した仕様にすることを，2023年1月に発表しました（2023年1月19日付日本経済新聞社）。商品企画・開発段階で障害者や高齢者に参加してもらい，その意見を取り入れる「インクルーシブデザイン」が社内規則化されています。

　パーソル総合研究所が2023年に行った「精神障害者雇用の現場マネジメントについてのインタビュー調査」では，障害者雇用の担当部署の上司から「…（障害者社員も）自分と同じように感じたり悩んだりしていて，その時の感情の起伏に大きい・小さいがあったり，調子が悪いことがあったりするだけで，障害の有無は関係ないんだ，という認識に変わってきた」との気づきが報告されています。

(2)　企業風土の転換

　障害のある人を雇用することで，先述した多様な視点と考え方が醸成されるため，企業風土や職場の雰囲気は変わります。

　例えば，精神障害などの障害者社員が定期通院する場合の「時間休暇」を設定するケースがあります。それまで風邪などの体調不良で通院する場合には，午前半休・午後半休しかない会社が始業時間や終業時間を起点とした時間休暇を設定することで，障害者社員は効率的に有給休暇を利用できることとなります。

　時間休暇は，障害者社員に限らず，風邪などの体調不良時やお子さんの学校行事への参加などに使用できるため，障害のない社員も働きやすい職場になります。このように，障害者雇用がより柔軟な働き方が可能となるきっかけとなります。

215

パーソル総合研究所の2023年の同調査でも、「障害者に合理的配慮をすることで、育児中や介護中の方が働きやすくなったという意見がある。シニアのスタッフが前にできたことができなくなっても、今できることをやってもらえばいいという姿勢が浸透している。障害への配慮が全社員にとっての配慮になり、会社が優しい空気になったと思う」と、組織風土の変化が報告されています。

(3) 採用活動への好影響

障害者雇用は、障害のない社員の募集採用にも多くのプラスの影響を与えます。

D&I（ダイバーシティ&インクルージョン）やSDGs推進などの企業イメージの向上、社員のモチベーションとエンゲージメントの向上、法令遵守による信頼性の確保、採用手法の改善などがその一例です。

コラム①で取り上げた、株式会社みやまの百瀬社長も、20歳代後半と30歳代前半の社員を立て続けに採用できた要因として、「SDGsに取り組んでいることに魅力を感じた」、「人を大切にしてくれる会社だと思って応募した」といった企業イメージや信頼性の向上があったことを話されていました。

■障害者雇用による採用活動への好影響

①企業イメージの向上	障害者雇用を積極的に行っている企業は、社会的責任を果たしているとの評価を受けやすくなります。D&IやSDGsの視点で自社の障害者雇用を定義することにより、潜在的な応募者などに受け取られやすいメッセージとなります。
②社員のモチベーションとエンゲージメントの向上	自社が社会的に意義のある活動を行っている企業であることや、多様性への理解や協力的な社風の形成により、従業員のモチベーションが向上し、この会社の一員でありたいと思うエンゲージメント（愛着）も向上します。OB訪問やリファ

5章　企業戦略としての障害者雇用

	ーラル採用での現役社員の話から，応募者が志望順位を上げることも考えられます。
③法令遵守による信頼性の確保	障害者雇用促進法などの法令を遵守している企業は，信頼性が向上します。安心して働ける職場として認知されます。
④採用手法の改善	多様な人材の獲得のために採用手法自体を見直す発想が生まれます。障害のある人の採用は，「ジョブ型雇用」に近いためスキルや能力に基づいた採用手法が取り入れやすくなります。

　障害者雇用のゴールは，障害のある人を雇用することではなくて障害者雇用を通じた企業風土の変革とそれに伴う企業の持続的成長にあります。

② 人的資本経営，SDGs，DEIと障害者雇用

⑴　人的資本経営と障害者雇用

　人的資本経営とは，人材を「資本」として捉え，その価値を最大限に引き出すことで，中長期的な企業価値向上につなげる経営のあり方です（経済産業省「人的資本経営～人材の価値を最大限に引き出す～」より）。

　これまでは，単なる「労働力」とみなされていた人材は，人的資本経営では知識やスキル，業務経験，想像力を持った「資産」として捉えるものとなっています。

　人的資本経営には，以下の要素が含まれます。

①人材開発	社員のスキルや能力を向上させるための教育研修プログラムを整備して，社員のパフォーマンスを向上させます。

217

②D&I（ダイバーシティ＆インクルージョン）の推進	多様な背景や価値観を持つ人材を積極的に採用し，活躍できる職場環境を整備して，創造性を引き出しイノベーションを促進させます。
③エンゲージメントの向上	社員が企業に関心を持ち，貢献意識を高めるために，定期的なフィードバックやコミュニケーションの促進を図ります。
④柔軟な働き方の提供	テレワークやフレックスタイム制の導入など，柔軟に働ける環境を整備することでワークライフバランスを実現させます。
⑤公正な評価と報酬	公正で透明性のある評価制度を構築し，成果に応じた報酬やインセンティブを提供します。

　以上の項目を見てみると，障害者雇用を推進することは人的資本経営を推進することにつながります。

　そして，人的資本経営と障害者雇用には，以下のようなつながりがあります。

①多様な人材の活用	企業の成長のためには，多様な背景を持つ人材を活用し，今までにない視点で製品やサービスを開発し，他社と差別化を図ることが求められます。
②インクルージョンの推進	障害者社員を含む，すべての社員が働きやすい環境を整えることは，他の障害のない社員にとっても働きやすい職場環境づくりに貢献します。これにより，社員のパフォーマンスとエンゲージメントが向上します。
③人材開発とキャリアパスの提供	障害者社員に限らず，育児中の社員や介護をしなければならない社員にも平等な機会を提供し，成長をサポートすることが企業全体の成長につながります。社員のスキルや能力を向上させる継続的な教育体系が重視されます。

5章　企業戦略としての障害者雇用

④企業文化の醸成	インクルーシブな企業文化を持つ企業は社会的な評価も高まります。障害のある人を積極的に雇用し、安心して働ける職場環境を提供することは、他者に寛容な、協力的な社風を形成します。
⑤法令遵守と社会的責任	法令遵守は企業の信頼性向上に直結するものです。企業が社会の公器であることを自覚して社会的な責任を果たすことは、信頼性の向上につながります。

(2) SDGsと障害者雇用

　SDGs（持続可能な開発目標）は、国連が2015年に採択した2030年までに達成を目指す17の目標と169のターゲットで構成されています。経済成長だけでなく、社会が抱える問題の解決や環境保護といった3つの柱をバランスよく発展させることを目指しています。

　以下に、障害者雇用と関連の特に深い5つの目標について説明します。

目標8：働きがいも経済成長も

　障害者雇用は、すべての人を包括（インクルージョン）し、働きがいのある仕事を提供することにつながります。障害のある人を含むすべての人々が公平に働ける環境を提供することにより、社会全体の経済成長と働きがいの向上が図られます。

　目標8のターゲットでも、2030年までに若者や障害のある人を含むすべての男性及び女性の、完全かつ生産的な雇用及び働きがいのある人間らしい仕事、ならびに同一価値の労働についての同一賃金を達成する、と明記されています。

目標10:人や国の不平等をなくそう

　　　　　障害者雇用は,社会的・経済的な不平等を削減することにつながります。障害者雇用の推進により,障害を理由とした様々な差別や偏見・習慣を解消させるとともに,障害のある人が社会の一員として働き,生活できる環境を提供することが重要です。

　目標10のターゲットでも,2030年までに,年齢,性別,障害,人種,民族,出自,宗教,あるいは経済的地位その他の状況に関わりなく,すべての人々の能力強化及び社会的,経済的及び政治的な包含を推進する,と明記されています。

目標11:住み続けられるまちづくりを

　　　　　障害者雇用は,障害のある人の社会参加を促し,障害のある人が移動しやすいまちづくりにつながります。公共交通機関や都市空間のバリアフリー化を実現させることで,障害のある人だけに限定されず,様々な制約を持つ人に利益がもたらせられます。

　目標11のターゲットでも,2030年までに,脆弱な立場にある人々,女性,子供,障害のある人及び高齢者のニーズに特に配慮し,すべての人に安全かつ安価で容易に利用できる,持続可能な輸送システムへのアクセスを提供する,と明記されています。

目標1:貧困をなくそう

　　　　　障害者雇用は,障害のある人の安定的な収入の確保につながります。障害者雇用の推進により,経済的な自立を促し福祉の受け手から,福祉の提供を推進する側への転換を実現させます。

5章　企業戦略としての障害者雇用

目標3：すべての人に健康と福祉を

障害者雇用は，障害のある人が健康で安心して働ける環境を提供することにつながります。労働環境の改善や健康管理の充実は，障害のある人の生活の質の向上に寄与します。

(参考)
・公益財団法人日本ケアフィット共育機構　「SDGsの取組と障害者の関係性」より
・外務省　「Japan SDGs Action Platform」より

(3)　DEIと障害者雇用

　DEIは，Diversity（多様性），Equity（公平性），Inclusion（包摂性）を重視した考え方です。従来のD&I（Diversity&Inclusion）にEquity（公平性）を加えた概念ですが，公平性を加えることでより包括的で幅広い視点からすべての人が公平に扱われることを目指すものです。

　D&Iの考え方は，1965年に設置された米国雇用機会均等委員会（EEOC）が，連邦政府の契約を請負っている事業者の労働者が，性別・人種・宗教的な理由（Diversity）で差別を受けた時に，懲罰的損害賠償を求める権限を労働省に与えたことに始まります。EEOCと労働省との間の連携を強化し，雇用差別を行う企業に対処することが，その目的でした（独立行政法人労働政策研究・研修機構　国別労働トピック・1999年7月アメリカより）。
　1980年代以降になると，アメリカでは大手企業を中心に，競争力を高める人事戦略として，多様な人材を組織内で融合する「ダイバーシティ&インクルージョン」の考え方が広がりました。

　しかし，多様性（Diversity）を認め，包摂性（Inclusion）を高めても解決できない問題も明らかになってきました。それは，そもそものスタートライン

221

が異なることに起因するものです。

　性別や障害の有無を理由に希望する職業や役職に就けないとか，長期的なキャリア形成に不利になることがあるからです。

　D&Iでは，スタート地点の不平等は解決できないため，新たに公平性（Equity）の概念を付け加えることで，このような問題を解決し，本当の意味で誰もが活躍できる社会を実現しようとするものです。

　このように，DEIは障害者雇用を考えるうえで大変重要な考え方です。

①多様性	障害のある人を含む多様な人材が活躍することで，尊重と協力を重視する企業文化が生まれます。これにより，全社員が働きやすい環境が整います。
②公平性	障害者社員に対しても適切な教育訓練を行い，キャリアパスの提供を行うことで成長を適切に支援することができます。職場の物理的・精神的なバリアフリー化を進め，適切な合理的配慮を行うことで障害者社員のパフォーマンスを高めます。
③包摂性	障害のない社員の障害に関する社内理解を促進するために，研修や実習を行うことで「受け入れる」職場環境を形成していきます。包摂性の高い職場は，すべての社員の会社への愛着（エンゲージメント）を高め，指示待ちではなく自発的な行動を生み，生産性を高めます。

③ 認定や表彰制度を活用する

　障害者雇用を行っていると，様々な課題が出てきます。そして，それを1つひとつクリアすることで，雇用ノウハウが積み上がります。同時にそのノウハウは障害のない社員の雇用管理上の課題にも応用できます。

5章　企業戦略としての障害者雇用

　それらのノウハウの多くは目に見えないものです。自社のホームページでノウハウを積極的に説明しても，障害者雇用そのものを詳しく知らない人は，それらの取組みの程度の良否が判断できません。

　このような課題を解決するのが，障害者雇用に関する取組みが他の企業より優れていることを証明する国や都道府県の認定や表彰制度です。

　認定や表彰を受けたことを，自社のホームページに掲載する，名刺やノベルティなどに刷ることで対外的なアピールになります。

　また，このような認定や表彰を受けることは，社内に対しても大きな効果が見られます。以下では，こうした表彰制度をご紹介します。

(1)　「もにす」認定

　もにす認定制度（障害者雇用に関する優良な中小事業主に対する認定制度）は，「障害者の雇用の促進及び雇用の安定に関する取組の実施状況などが優良な中小事業主を厚生労働大臣が認定する制度」です。

　常時雇用する労働者が300人以下の企業が対象です。認定には有効期限はありませんが，認定後も都道府県労働局のフォローアップに協力する必要があります。

　「もにす」とは，"共に進む（とも に す すすむ）"という言葉と，企業と障害のある人が共に明るい未来や社会に進んでゆくことを期待して2020年7月に制定されました。もにす認定企業には中小事業主全体で障害者雇用を推進することが期待されています。

　もにす認定のメリットは，
① 　障害者雇用の取組みに対するインセンティブの付与
② 　地域における障害者雇用のロールモデルとしての公表

です。

　①の障害者雇用の取組みに対するインセンティブには，次の4つがあります。

もにすマークの使用	商品，広告，事業場への掲示，インターネットへの掲載，従業員募集用広告への使用
日本政策金融公庫の低利融資	「働き方改革推進支援資金」における低利融資
厚労省・都道府県労働局・ハローワークの周知広報の対象	厚労省や都道府県労働局のホームページへの掲載，ハローワークの求人票への掲載
公共調達等における加点評価	地方公共団体の公共調達や，国および地方公共団体の補助事業での加点評価

【認定事業者となるには】

　もにすの主な認定基準は次のとおりです。

- 障害者雇用への取組み（アウトプット）と，取組みの成果（アウトカム），およびそれらの情報開示（ディスクロージャー）の3項目で，各項目の最低点をクリアしつつ，合計で50点中20点（特例子会社は35点）以上であること
- 法定雇用者数以上の障害者を雇用していること
- 指定就労支援A型の利用者を除き，雇用率制度の対象障害者を1名以上雇用していること（従業員40人未満でも障害者を雇用していること）

　なお，認定事業主は2024年3月31日現在で419事業主となっています。

(2)　障害者雇用優良取組企業に関する表彰制度

　もにすの他にも，障害者雇用で優良な取組みをしている企業を表彰する制度があります。

5章　企業戦略としての障害者雇用

　例えば東京都では，「東京都障害者雇用優良取組企業（障害者雇用エクセレントカンパニー賞）」という名称で，毎年表彰を行っています。

　東京都の他にも埼玉県では，「埼玉県障害者雇用優良事業所」，神奈川県では，「かながわ障害者雇用優良企業」，大阪府では，「大阪府ハートフル企業顕彰」，福岡県では，「障がい者雇用優良事業所」など，それぞれの名称は異なりますが障害者雇用に関して優れた取組みを行っている企業を表彰する制度が各自治体にあります。

　表彰基準は，主催する都道府県で異なりますが，もにす認定と同様に障害者雇用に優れた取組みをしていることを広く社内外にアピールすることができます。

(3)　アビリンピック（障害者技能競技大会）

　アビリンピック（abilympics）は，アビリティ（ability）とオリンピック（olympics）をあわせたものです（独立行政法人 高齢・障害・求職者雇用支援機構ホームページより抜粋）。

　アビリンピックは，障害のある人が培った技能をお互いに競い合うことによりその職業能力の向上を図り，企業や社会一般の人々に障害のある人への理解と認識を深めてもらうことを目的に開催されています。

　もにす認定や障害者雇用エクセレントカンパニー（東京都の場合）は，会社の優良な取組みを認定・表彰するものですが，アビリンピックは障害者社員個人を対象とするものです。障害者社員の技能やモチベーションの向上施策として，アビリンピックを活用している企業もあります。

　アビリンピックには，地方アビリンピック・全国アビリンピック（全国障害者技能競技大会）・国際アビリンピックがあります。地方アビリンピックの成績優秀者は全国アビリンピックに推薦され，全国アビリンピックの参加選手の

中から国際アビリンピックに出場する選手が選考されます。

1972年に第1回が開催され，1981年に国連が定めた「国際障害者年」を記念して日本の提案により第1回国際アビリンピックが開催されました。

令和6年11月に開催される全国アビリンピックでは，技能競技としてCAD，ホームページ作成，ビルクリーニング，喫茶サービスなど25種目が実施予定です。参加資格は15歳以上の身体障害・知的障害・精神障害のある人です。

障害者社員の技能向上やモチベーションの維持向上にアビリンピックへ参加するのも1つの方法です。

④ 障害者社員のキャリア開発

(1) キャリアパスの必要性

第4章の定着面談でもお話しましたが，障害者社員の定着や活躍を考えるときに，「キャリア」の視点は以前にも増して重要度が高まっています。

最近の障害者雇用市場は売り手市場となっているため，安定的な勤務をしていた障害者社員がキャリアアップのために転職する事例も発生しています。

障害者社員の転職といえば，以前は就職先の企業での業務に対応できずに転職する（転職せざるをえない状況に追い込まれる）というケースがほとんどでした。

しかし，現在は，障害者雇用をしている企業の労務管理能力も向上し，定型的な業務をこなすのであれば，何ら支障のない企業も増えています。しかし，定型的な業務に飽き足らず，さらに高度なスキルが必要とされる業務を経験したいと考える障害者社員にはその企業で働き続けるという選択肢はなくなっています。

さらに，以前は障害者社員が企業で行う業務といえば事務補助に代表されるような補助的業務が一般的でしたが，現在は，ニューロダイバーシティのよう

5章　企業戦略としての障害者雇用

に，発達障害は障害ではなく脳の多様性と捉える考え方も浸透しつつあり，事務補助職の障害者社員がIT関連の業務に就くべく転職活動を行う事例も増えています。

　また，企業への就職を目指す人のための障害福祉サービスである就労移行支援事業所の利用も以前は生涯で1度のみとされてきましたが，一部の自治体ではスキルアップのための転職での利用を容認する動きも出ています（以上，大手就労移行支援事業所職員より著者が聴取）。

　このような状況を踏まえて，企業は障害者社員の能力を最大限に発揮できるように支援することが求められています。

　以下に，障害者社員のキャリア開発に関する主要なポイントを示します。

①教育研修	障害者社員のスキル向上のための研修の提供。これには特定の専門知識や研修で得られるようなハードスキルや，時間管理やコミュニケーション能力などのソフトスキルの研修が含まれます。
②キャリアパスの明確化	各社員に対して個別のキャリアプランを作成して，目標達成のためのステップを明確化します。 同時に定期的にパフォーマンスを評価してフィードバックを行います。
③キャリアアップの機会の提供	目標管理制度など，障害者社員の公正な評価を行い，昇給や昇格の機会を与えます。 また，プロジェクトリーダーへの任命，業務グループのリーダーやサブリーダーなど昇格に至らないまでも，マネジメント的な役割を与えることでキャリアアップへの機会を提供します。

私の前職の会社では，新型コロナウィルスへの対応のため出社率が制限されている時期はチーム分けを行い，チームごとにシフトを決めて出勤させて出社率を一定以下に抑えていました。

　40人弱の障害者社員を3チームに分け，各チームにはリーダー1名とサブリーダー2名を指名しました。

　チームごとに全体的な業務管理を行う非障害者社員をつけて業務ごとの大まかな人員配置を決定していましたが，リーダーには日常業務全般の進捗管理と業務品質の維持を主な役割としました。サブリーダーは，リーダーを補佐しつつ，個別業務の進捗管理や後輩指導を役割としていました。

　このように，「マネジメント志向」の障害者社員には本人の希望を確認し，リーダーやサブリーダーの役割を与えて，キャリアアップの機会を提供していました。

　「個別業務志向（非マネジメント志向）」の障害者社員には，特定の個別業務スキルを高めることにより「○○業務スペシャリスト」に任命しました。

　該当する業務マニュアルなどの変更を行う場合には，率先して内容を検討してもらい，業務に不慣れな社員がいる場合には教育係を努めてもらうこととしました。

　ところで，2024年4月から，週10時間以上20時間未満の労働時間でも法定雇用率の算定の対象に含まれることとなりました。

　コラム④で取り上げた多摩エレクトロニクス株式会社の障害者雇用も，午後3時には退勤してしまうパート社員の労働力の補完として行われています。

　最初は，短時間の雇用であっても業務の習熟度が上がり勤怠のリズムが整って来ると徐々に勤務時間を延長し出社頻度を高めて勤務時間を週20時間以上，週30時間以上にしています。勤務時間の延長もキャリアのステップを踏む行為です。

5章　企業戦略としての障害者雇用

　障害者社員でもそのキャリア感は障害のない社員と同じです。マネジメント志向・個別業務志向など本人の望むキャリアパスを用意して，本人のキャリアプランの実現を支援することが企業には求められています。

(2)　バックキャスト思考

　バックキャスト思考（Backcasting）は，未来の望ましい姿を設定し，それを実現するために現在からどのようなステップを踏むべきかを逆算して考える思考法です。

　エネルギー政策や環境政策などにおけるシナリオ分析（複数の環境変化のシナリオを想定して，その影響を検討する方法）の手法として，1970年代から発展してきた手法です。その後，2015年に国連でSDGsが採択され，その目標達成に向けたシナリオを考える手法として推奨されたことにより，広く認知されるに至りました（公益社団法人日本生産性本部「バックキャスティングとは：パーパス・戦略策定における活用方法」より）。

　バックキャスト思考の特徴は次の3点が挙げられます。

①未来から現在への逆算	5年後や10年後になりたい自分，なりたい状態を具体的に設定し，その状態から現在に向かって逆算して計画を立てます。これにより，長期的な目標の達成のための具体的なステップが明確になります。
②目標志向	現在の延長線上で考えるのではなく，目標を立ててそれを実現するための計画を立てるため，挑戦的な目標が生まれやすくなります。
③柔軟なアプローチ	将来の目標は定まっていますので，途中の状況変化などに対応しやすく，当初の目標から逸脱しない計画を立てることができます。予期せぬ事態が起こっても，当初に決めた目標に向かう代替ルートを見つけやすくなります。

目標管理制度で設定する今期末までに達成する目標も，具体的な将来なりたい自分があってそこに至る過程を細分化したものにすぎません。

　障害者社員のキャリアを考えるときに，その社員が仕事（オン）とプライベート（オフ）で将来どのような人間になっていたいかを考えさせて，それを実現するために今何をすべきかを割り出していく，というのがバックキャスト思考になります。

　前職では障害者社員と面談していて，自分の将来について具体的イメージを持っていない社員がほとんどだったことについて驚いたことは，4章で触れました。

　入社した障害者社員が心身ともに落ち着きを取り戻したら，定着面談で自分のキャリアについてどのように考えているかを聞く機会を設けてください。その社員が目標管理の対象となる社員ではなくても，5年後・10年後に自分がどういう生活をしていたいかを具体的に考えさせる問いを発してください。

　今まで自分の将来のことについて考えたこともない社員が少しずつ考えるように仕向けることで，心身の状態や職場などの人間関係に左右されることが少なくなります。

　私は，面談で次のような話をしていました。

　「あなたは，自分が登りたい山を決めました。その山はまだはるか遠くにぼんやりと見えているだけです。

　そしてあなたの目の前には，背丈ほどもある笹が生い茂っています。笹をかき分けながら進まないと，その山には近づけません。

　笹をかき分けているときは，進みやすい方向に足が向きますが，時々頭を上げて登ると決めた山を見てください。そうすれば，自分の進むべき方向がわか

5章　企業戦略としての障害者雇用

るし，今は迂回して進まなければならないけれど，戻らなければならない方角
はわかるはずです。

　目の前の進みやすい方向ばかり見ていると，いつの間にか自分でも想像して
いなかった場所に出てしまいますよ」

　今までは，自分の特性に対処するだけで顔を上げることがなかった障害者社
員の顔を上げさせてください。

　自分の将来について考えさせる時間を作ってください。そして，その目標の
達成に力を貸してください。

⑶　自己肯定感と自己有用感

　私が障害者雇用に関わるようになって強く感じたのは，「働く」という行為
は，その人の自己肯定感と自己有用感を強く押し上げる効果があるということ
です。

　採用面接のときに，うつむき加減で暗い表情をしていた応募者が，入社して
しばらくすると背筋を伸ばして明るい顔で歩いている光景に出会うと，私は心
の底からほっとしていました。

　障害者社員にとって働くということは，業務がミスなくできるか，指示をき
ちんと理解できるか，うまくできないことで怒られはしないかなど，不安に思
うことばかりで相当のプレッシャーを感じることです。

　でも，自分が担当した仕事で先輩や上司から「ありがとう」と言ってもらえ
る，仕事ではそれなりに苦労はしたけれど給料がもらえる，その給料で自分が
欲しかったものが買える，このような一連の連鎖が自己肯定感と自己有用感を
上げるのです。

　特に，自身の特性が影響して転職を繰り返している社員は，「自分は社会か

231

ら必要とされていないのではないか」という思いを持っています。だから，何としてでもこの会社で活躍して辞めさせられないようにしたいとの思いが強いのです。

　彼ら彼女らにとって働くということは，「社会とつながる」ことであり，「自分の存在証明」そのものなのです。

　ただ，その思いが強すぎて空回りしてしまうことが多いのも事実です。

　「入社して３か月経ったのだから，Ａ業務は○○さん（特定の誰か）のレベルに達していなければならない」などと「勝手に」考えて自分に過度のプレッシャーを掛けたりして，自滅しそうになっていたりもします。

　そんな時は，定着面談でなぜそのように考えるのか，誰かにそのように言われたのかなどと質問してみてください。そして肩の力を抜くように話してください。

　このようなとき，私は次のような話をしていました。

　「あなたは今，42.195キロメートルのマラソンのスタートを切ったばかりです。ゴールははるか先です。

　でも，あなたはかなりのオーバーペースで走っているように私には見えます。まるで100メートル走のときの走り方とスピードで走っているように見えます。その走り方を続けていて，42.195キロメートル先のゴールが切れると思いますか？

　マラソンにはマラソンに適した走り方があるのです。

　今自分が考えているスピードの８割のスピードで走ることを考えてください。８割の速さとは，周囲の状況がしっかりと把握できて，自分が次に何をすべきかが考えられる速さです。

　今あなたに望まれているのは，100メートルを走るのではなく，42.195キロ

5章　企業戦略としての障害者雇用

メートルを走り切ることです」

　入社した社員が，永く安定的に勤務できるようにスピードをコントロールしてください。そうすれば，自己肯定感と自己有用感が長く続いて会社も社員本人も幸せな状況が続きます。

⑷　期待をかける（やる気を出させるプロジェクト）

　前職ではそれぞれの作業に写真や図表入りのマニュアルを整備していました。ミスがあったときはフォローアップミーティングでミスの原因を探り，対応策を考えてマニュアルに反映させてきました。

　マニュアルは，その作業を社内の他の部署から受託したときにアドバイザー社員が実際に作業を行って，障害者社員が理解しやすいように作成していました。

　ただ，紙のマニュアルでは表現しにくい工程もあります。そこで，YouTubeやTikTokなどの動画に慣れ親しんでいる世代の社員が多かったこともあり，動画マニュアルを作成することにしました。動画の撮影と編集は障害者社員が行い，わかりにくい箇所は手元に寄って撮影するなど，工夫がされたわかりやすい動画ができました。

　この部署では社員の名刺印刷を行っており，刷り上がった名刺は紙の名刺箱に入れて依頼者に届けていました。名刺箱は一枚の紙を手順どおりに折ればできあがるのですが，紙のマニュアルでは表現しにくい箇所もありました。驚いたのは，名刺箱作成のマニュアルとして２本の動画が作られていたことです。

　１本は，今までの紙のマニュアルどおり作成している人の対面から撮影されているもの，もう１つは作成している社員の肩越しに動画が撮影されているのです。

233

紙のマニュアルは，対面している人の視線を作業している自分に置き換える必要があるのですが，作成者側の動画ではそれをする必要はありません。

　今までは作業を指示する側の視点でしか考えていなかったものが，新たに作業をする側の視点での動画マニュアルが完成していたのです。

　もう1つ，実際に行ったプロジェクトについてお話します。

　新型コロナウィルスが流行し，緊急事態宣言で前職の職場も一斉に出社禁止となりました。それまでは，出社して行う作業が中心であったために，在宅勤務で行う仕事はあまりありませんでした。

　そこで，窮余の策として本来は自分のプライベート時間で行う自己啓発を業務時間中にすることを認めました。会社の業務に必要な知識であれば自己啓発も仕事としての取扱いとしたのです。今日は何の勉強をするのかという予定と結果報告は日次でさせていました。

　多くの人はマイクロソフトのMOSという資格に挑戦し，次々と合格していきました。資格取得で得た知識をそのままにしておくのはもったいないので，業務で使用しているエクセル表をより使いやすい仕様に変更してもらうこととしました。

　具体的にどのエクセル表を変更するかは障害者社員に案を出してもらい，立候補制で2グループに分けて，変更業務に着手してもらいました。立候補制にしたのは，社員の自主性を引き出したかったからです。

　立候補者の中には明らかにスキルが足りていない社員もいたのですが，立候補したすべての社員をグループ分けして，打ち合わせを進めました。

　各グループには日々の業務指示を行う非障害者社員をオブザーバーとして付けて，トラブル防止と進捗管理に当たらせました。

　当初，懸念したとおり，スキルの足りない社員はやれることが極端に少なく

5章　企業戦略としての障害者雇用

なってしまい，打ち合わせにただ参加している状態だったのですが，しばらくすると自発的に打ち合わせの日程の調整や議事録係としてチーム運営に関わるようになりました。

　途中，プロジェクトの進行をめぐって調整が必要な場面も出てきましたが，当初の期待以上の成果を収めることができました。

　ある帳票は，今まで表の中のデータをコピー＆ペーストで移していたものが，ボタン一つで完了するようになりました。プロジェクトが終わった時に参加メンバーのアンケートを見て，やってよかったなと感じました。

　彼らの多くは障害特性があるゆえに，会社を転々とせざるをえなかったので仕事を任された経験がなかったのです。それがこのプロジェクトで初めて仕事を任された経験をしたのです。そしてやり遂げることができたことが彼らの新たな自信につながり，通常の業務も以前にも増して積極的に取り組むようになりました。

　さらにうれしかったのは，今回のプロジェクトに参加していなかった社員からも，次回は参加したいとの希望者が続出したことです。

　楽しそうにプロジェクトに参加しているメンバーを見て，自分もやってみたくなったのでしょう。職場に良い循環ができました。

⑤　障害者「も」雇用できる職場づくり

　障害者社員「を」雇用する職場では，これまでにお話してきたことが安定的な勤務や，持てる能力を引き出すことにつながりますが，障害者社員がいない職場でも十分な効果が見込めます。

　これまでご説明した事項を実践することで，障害者「も」雇用できる職場へ変わることができます。

235

(1) 社員の特性と心理安全性

2章でもお話しました障害特性と職場の心理的安全性（60頁参照）ですが，これは障害者社員が在籍する職場だけの問題ではありません。

新入社員も，中途入社して日の浅い社員も，他の部署から移動してきた社員も，心理的安全性が高まることでパフォーマンスを発揮できるようになります。

図表5-3　社員の不安

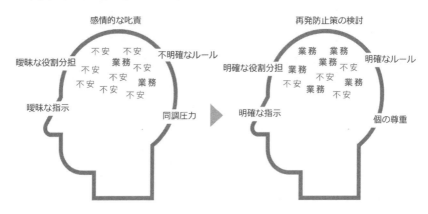

「あれ・それ・これ」という曖昧な指示ではなく，マニュアルに基づいた具体的な指示，曖昧な役割分担ではなくあらかじめ決められた明確な役割分担，感情的な叱責ではなくミスの原因と再発防止策の検討，社員が察して動くのではなく明文化された明確なルールの提示，同調圧力ではなく個の尊重など障害のない社員でも感じる不安を1つひとつ取り除いていけば，業務はよりスムーズに実施されます。

5章　企業戦略としての障害者雇用

(2)　障害者雇用があぶり出す「不都合な真実」

　障害者雇用をしている企業や障害者雇用をしているが雇用が継続しない企業の担当者とお話していると、「障害者雇用は難しいですね」と言われることがあります。私も難しいと思うことがあります。それはなぜでしょうか。

　障害者雇用をする以前の職場は、多くの社員の「気働き」や「空気を読む」能力によって、業務が円滑にまわっていたのです。

　障害者社員はこのようなことは苦手です。「あれ・それ・これ」や、「ザッとまとめておいて」などの曖昧な指示は、一部の障害者社員には理解できません。

　声をかけられたときに、「ちょっと待っていて」と返すこともよくあることだと思います。でも、障害者社員にはこの「ちょっと」が、1〜2分なのか、4〜5分なのか、10〜20分なのかわからない人もいます。理解できないので職場が停滞してしまうのです。

　今まで難なくまわっていた職場が突然停滞する。その原因は障害者社員。「だから障害者雇用はしたくない」というようにエスカレートしていきますが、本当にそうでしょうか。

　同じような経験は、中途入社の社員やパート・アルバイト社員、新卒の社員などが経験してきたことなのではないでしょうか。彼らは、いちいちそのことについて話すことはしません。彼らの「努力」によって、その問題を克服してきたのです。

　障害者社員は、そのようなことに気付かなかったり不得意だったりします。そしてパニックに陥ったり、メンタルが落ち込んだりします。これによって、今までも職場に存在していた「不都合な真実」があぶり出されるのです。

　このような、不都合な真実がさらけ出されることによって、「障害者雇用は難しい」ということになっているのではないでしょうか。

　不都合な真実を1つひとつ改善していくことによって、働きやすい職場に変

わっていきます。そしてその職場は，障害の有無にかかわらず誰もが働きやすい職場になっていくのではないでしょうか。

　私も，「普通はこうするよね」と言うことがあります。
　でも，これを聞いた目の前の人は，それを普通とは考えないかもしれません。
　それまで営業畑が長かった私は，会社の定期異動で，ある日突然人事部の障害者雇用部門の責任者となりました。そこはまさに，自分が「普通」だと思っていたことが普通ではなかったことに気付かされる毎日でした。
　障害者雇用部門に異動になったことで，自分のバイアスに気付くこともできましたし，障害者社員の働くことに対する真剣な気持ちに気付くこともできました。
　障害者雇用をし始めたときは確かに難しいと皆さん感じるかもしれません。でもそれは，新たな気付きに立ち会っている瞬間です。
　障害者雇用を通じて，企業が様々なバックボーンを持つ多様な人材への対応力を高めることが，持続的な事業の発展を可能にします。
　障害者雇用の目的は，障害のある人を雇用することではありません。障害者雇用を通じて，誰もが働きやすい職場を作ることです。

　ここまでお読みいただきありがとうございます。改めて，読者の皆さんにお伝えしたいことがあります。
　御社が障害者雇用に取り組むことは，少し未来のマネジメントに取り組むことです。
　障害者雇用に取り組むことは，御社のミッション・ビジョンを改めて確認することにつながります。
　障害者を雇用するために社内規定の見直しを行うことは，多様な働き方への対応力を高め，業務マニュアルの整備をすることは，業務を見える化すること

5章　企業戦略としての障害者雇用

になります。

　障害に対する理解を促進することは，アンコンシャス・バイアスや心理的安全性への理解を深め，様々な特性に対して受容的な職場環境を作り出すことになります。

　これらの1つひとつの取組みは，従業員の満足度を高め，障害を持たない社員の離職防止につながり，メンタル不調者の減少につながります。

　そして，障害を持たない新卒採用者や中途採用者も御社で働いてみたいと考えることでしょう。

　結果として，先行きが不透明で将来の予測が困難と言われるVUCAの時代（59頁）においても，従業員が定着し，いきいきと働く御社は着実な成長を遂げることでしょう。

　それに気付いた企業は，もう動き始めています。

239

コラム⑤
有限会社ローズリー資源　～誰もが働ける職場を目指して～

　青森市の郊外にあるローズリー資源は，田中桂子社長の父である先代が1996年に創業した産業廃棄物処理やリサイクルを主業とする会社です。社名であるローズリーには，中国語の「盧頭（ろず）＝廃棄物」とリサイクルを合わせて，盧頭をリサイクルして美しいローズ（ばら）を咲かせたいという思いが込められています。

　専業主婦だった田中社長は，祖母の死をきっかけに介護の世界に足を踏み入れました。介護の仕事はとても楽しく自分に合っていると感じていましたが，2011年に父の会社を継ぎました。社長就任当初は，社員と一緒になって現場仕事をしていましたが，受け入れてくれない社員とぶつかることもあったそうです。

　「障害者雇用をやろうと思っていたのではなく，年齢を重ねた人もひとり親世帯の人も，犯罪を犯してしまった人も，障害のある人も様々な事情で働くことに課題があっても，誰もが働くことができる会社を作りたいと思って行動したらこうなっていた」と田中社長は話します。

　障害者雇用を推進する中小企業が認定される「もにす認定」も，単なる結果であって，特に障害者雇用だけを意識していたのではないとのことでした。

　入社してすぐに父である先代と一緒に障害者雇用を始めましたが，最初はな

5章　企業戦略としての障害者雇用

かなか従業員から理解が得られませんでした。社長就任の前後には，会社の方針についていけない社員が次々と退職しました。

現在は2名の身体障害者を雇用しています。この2人は田中社長と同じ年に入社しましたが，そのうちの1人は指先の欠損のある社員で，現在は統括部長として現場を取り仕切る，「会社にとってなくてはならない存在」となっています。

もう1人は，聴覚障害がある社員で，入社してから免許を取得してフォークリフトの操作を担当しています。普段は口話（唇の動きで相手の話す内容を理解する）で，重要な指示は筆談で行ってきました。最近，手話のできる社員も入社してきて，よりコミュニケーションが取りやすくなりました。

入社当時から，ローズリー資源はB型事業所の施設外就労を行う「障害者自立支援職場実習室」が設置されていました。これに田中社長は驚きましたが，社会的弱者である生きづらさや働きづらさに対する想いは先代と共通しています。

比較的障害が重い人が通う就労継続事業B型事業所の課題は，通所者が行う作業の確保です。同社では現在3か所のB型事業所と連携して，廃棄物を分別し金属を取り出す細かな仕事や，分別されていない缶・びん・ペットボトルの仕分け作業や圧縮加工，電線を覆っているビニールの剥離作業，プラスチックの破砕作業などを，それぞれの施設の得意な所を生かして行っています。

241

障害のある人は作業を習得するにも時間がかかります。しかし，時間をかければ習得できます。「障害のある人を雇用し，施設外就労で通ってくる障害者と接することで，社員には相手を思いやる気持ちや行動が見られるようになりました」と田中社長は言います。

会社案内やノベルティにもローズリー資源らしい工夫が施されています。

会社案内は「飛び出す絵本」式になっています。これも，B型事業所に作業を依頼したものです。この会社案内は紙のパーツを貼り合わせて作られているのですが，よく見ると番号が振ってあり，番号通りに貼り合わせて行けば，飛び出す会社案内が完成する仕組みになっています。

「それに，この会社案内だとすぐには捨てられないでしょ」田中社長は教えてくれました。

ノベルティとして渡すトイレットペーパーに包装紙を巻く作業も，B型事業所に依頼しています。

同社には先代の社長時代から勤務している84歳の高齢社員もいます。週5日の通勤はさすがに体の負担が大きいので週4日の勤務としています。「同居している子供と相談しながら，これからも体の許す限りこの会社で働きたい」と言われているそうです。もちろん，現在の作業ができなくなったら他の新しい作業をつくって働き続けてもらうつもりです。

また，元受刑者の社員もいます。雇用継続のポイントは，本人が更生したいと言う意思を持っていることと家庭環境です。採用の際は家族とも面談しています。

「仕事があるという安心感と生活の安定，そして家庭の受け皿が再犯防止には必要」

5章　企業戦略としての障害者雇用

「中小企業はどこでも人材の確保に苦労しています。そういう企業こそ障害のある人をはじめとした，働くことに課題を抱える人たちを雇用できる企業に変えるべきです。障害者社員がする仕事がないと決めつけず，どのようにしたら仕事（作業）を生み出せるかを考えるのが社長の仕事です」

田中社長の人を見る目は至ってフラットです。障害の有無で考えるのではなく，ひとりの人間として見てどのように接するかが大切だと田中社長は強調されました。

障害者基本法の第1条（目的）には，「障害の有無に関わらず共生する社会を実現する」とあります。しかし，田中社長は，「共生」は当たり前で，共に成し遂げる「共成」でなければならない，と考えています。同社は田中社長のもと，「共成が当たり前の社会をつくる」というビジョンに向かって進んでいます。

障害のある人，高齢者，ひとり親家庭，元受刑者など，働くことに課題がある人が働くことができる会社は，誰にとっても働きやすい会社であるはずです。田中社長の言葉と今までの実績はそれを雄弁に語っていました。

有限会社ローズリー資源 概要
代表取締役　田中桂子
資本金1,250万円
従業員36名（うち障害者2名）
産業廃棄物収集運搬・処分

おわりに

みんなが働きやすい会社・誰もが働きやすい社会

私はときどきわからなくなることがあります。

障害ってなんだろう。

障害と障害でないことの基準って何でしょうか。

その基準はヒトが決めています。基準に当てはまるか，当てはまらないかで受給できる社会保険上のサービスが異なったりはしますが，人間として何が違うのでしょうか。

「障害者」に普段から接する仕事をしていると，だんだんわからなくなってくるのです。

眼の前のその人と，私とで何が違うのだろう。

彼我を分けることにどれだけの意味があるのだろう。

私は本書の中で，「障害の有無に関係なく」という言葉を何回も使っています。「はじめに」でも書きましたが，雇用管理の本質は障害があってもなくても同じです。

また，本書でインタビューした社長や障害者雇用の担当者はみな等しく障害者とそうでない人を区別して考えることはしていませんでした。

「障害者」と聞くと，自分とは関係ない「あちら側」の人という反応を返してくる方もいらっしゃいます。それは，その人の経験から来る判断だと思いますが，何かの病気や事故でご自身が障害者となる日が来るかも知れません。そ

の時，その人はどう感じるのでしょうか。

　私は障害当事者の家族で，障害者雇用の実務経験者で，社会保険労務士で中小企業診断士です。
　パーツはそれぞれバラバラだけれども，バラバラのパーツが重なり合うということには，何か意味があるのではないかと思いました。少なくとも，私には意味があるように感じました。

　「みんなが働きやすい会社をつくり，誰もが働きやすい社会をつくる」

　これは，私が前職を定年退職して会社を起こしたときに定めたミッションです。障害者に限らず，出産や育児，介護やLGBTQなど，働くことに課題がある人の役に立ちたい。そう思って独立しました。

　社会保険労務士試験に合格したときに，絶対にお会いして直接お話をお聞きしたいと思った障害年金の第一人者である松山純子先生。先生の事務所では2023年から障害者雇用を始めていますが，先生からは障害者雇用に関する新たな気付きをたくさんいただいています。
　また，本を出したいとご相談したときに，道をお教え頂いた安中繁先生。本書を出版する重要なきっかけをいただき，様々なご指導とご支援を頂いた藤咲徳朗先生。
　諸先生皆さまのご指導とご支援がなければ，本書を出版することはできませんでした。改めて御礼申し上げます。
　また，私の拙い文章を読んで的確な指摘をしてくださった，社労士仲間の五十嵐誠さん，林田洋子さん，業務が立て込んでいるときにお力を貸していただけたことが，大変うれしかったです。

そして，定年退職とはいえ安定した会社勤めを辞めて独立という不安定な道に進むことを許してくれた妻の真樹子には，言葉では語り尽くせないほど感謝しています。

　本当にありがとう。あなたがずっと笑顔でいられるように，これからも頑張ります。

2024年10月

木下　文彦

【参考文献】

眞保智子『障害者雇用実務と就労支援（3訂版)』（日本法令，2021）

松為信雄『キャリア支援に基づく職業リハビリテーションカンセリング』（ジーアス教育新社，2021）

二見武志『障害者雇用の教科書（改訂版)』（太陽出版，2020）

石井京子・池嶋貫二・林哲也・大滝岳光・馬場実智代『発達障害のある方と働くための教科書』（日本法令，2018）

パーソルチャレンジKnowledge Development Project『障害者雇用は経営課題だった！ 失敗事例から学ぶ，障害者の活躍セオリー』（good.book，2019）

パーソルチャレンジKnowledge Development Project『障害者雇用は経営課題だった！ 経営視点×フレームワークで考える，これからの障害者採用マネジメント』（good.book，2021）

一般社団法人自立した人と組織を育成する協会 テキスト「自立型人財・組織育成士養成講座」

一般社団精神・発達障害者就労支援専門職育成協会 テキスト「就労支援士（ES）3級認定講座」

一般社団精神・発達障害者就労支援専門職育成協会 テキスト「就労支援士（ES）2級認定講座」

藤咲徳朗『ムチャぶりで人を育てる23のコツ』（セルバ出版，2015）

砂長美ん『障害者雇用で幸せになる方法』（ラグーナ出版，2023）

大山泰弘『働く幸せ』（WAVE出版，2009）

安中繁『新標準の人事評価』（日本実業出版社，2022）

五十川将史『中小企業のためのハローワーク採用完全マニュアル』（日本実業出版社，2024）

【著者紹介】

木下 文彦（きのした ふみひこ）

1986年，大手リース会社に入社。主に営業，営業企画に従事し，支店長となるもリーマンショックに対応できず，成績不振により2年で更迭される。鬱屈した気持ちで働いていたところ，人事部の障害者雇用部門の責任者となり，障害のある社員の働くことへの真摯な思いに心を打たれる。全社で70名の障害者社員の雇用管理全般を統括した。現在は，障害の有無にかかわらず「社員がここで働きたいと思える会社づくり」を支援している。

〈読者特典〉
本の中でご紹介している書式（エクセルシート）をダウンロードできます。
下記のQRコードからお申し込みください。

また，弊社では障害者雇用に関する無料相談（企業の経営者・ご担当者様限定，初回のみ1時間）を行っています。
info@lagrange-s.com
からお申し込みください。

出版企画　インプルーブ
イラスト　茂垣志乙里

障害者雇用コンサルタントが教える
従業員300人以下の会社の障害者雇用

2024年12月1日　第1版第1刷発行

<table>
<tr><td>著　者</td><td>木　下　文　彦</td></tr>
<tr><td>発行者</td><td>山　本　　　継</td></tr>
<tr><td>発行所</td><td>㈱中央経済社</td></tr>
<tr><td>発売元</td><td>㈱中央経済グループ
パブリッシング</td></tr>
</table>

〒101-0051　東京都千代田区神田神保町1-35
電話　03 (3293) 3371 (編集代表)
03 (3293) 3381 (営業代表)
https://www.chuokeizai.co.jp

©2024
Printed in Japan

印刷／文唱堂印刷㈱
製本／㈲井上製本所

＊頁の「欠落」や「順序違い」などがありましたらお取り替えいた
しますので発売元までご送付ください。(送料小社負担)
ISBN978-4-502-52351-9　C3034

JCOPY〈出版者著作権管理機構委託出版物〉本書を無断で複写複製 (コピー) することは,
著作権法上の例外を除き,禁じられています。本書をコピーされる場合は事前に出版者著
作権管理機構 (JCOPY) の許諾を受けてください。
JCOPY〈https://www.jcopy.or.jp　eメール：info@jcopy.or.jp〉

·········· 好評発売中 ··········

障害者差別解消法と実務対応がわかる本 水田 進 著／A5判・216頁／2,970円（税込）	令和6年4月施行の改正障害者差別解消法により，民間事業者による障害者への合理的配慮の提供が義務化。これを踏まえ，情報収集・分析，ポリシー作成，運用などの実務を解説。
詳解　裁量労働制 TMI総合法律事務所 労働法プラクティスグループ 編／近藤 圭介・益原 大亮 編著／A5判・304頁／3,960円（税込）	令和6年4月施行の裁量労働制の制度改正を踏まえた情報を整理。他法令との関係，労働基準監督署の監督指導への対応，実際の導入事例にも言及。巻末に関連法令・指針等収録。
Q&A労基署対応の実務と労務管理 布施 直春 著／A5判・440頁／5,280円（税込）	働き方改革法の運用が進み，さらにコロナ下で普及したテレワーク・ダブルワーク，うつ病への新労災基準などの新しい実務を，労基署調査への対応の視点から集大成した決定版。
テレワーク制度のブラッシュアップ ―導入・見直しのポイントと労務管理 毎熊 典子 著／A5判・208頁／2,860円（税込）	各々の事情や状況にあった働き方で各自が能力を最大限に発揮するために，テレワークは重要なツールとなる。コロナ下で導入した制度を適法に発展させる実務指針を示す。
基礎からわかる **「ビジネスと人権」の法務** 福原 あゆみ 著／A5判・224頁／3,080円（税込）	事業会社の法務・コンプラ，CSR担当者，実務家に向けて，人権DDを含め「ビジネスと人権」に係る対応をわかりやすく解説。各国の法令・ガイダンスなど最新情報もフォロー。
中小企業も実践できる **従業員エンゲージメントの教科書** 志田 貴史 著／A5判・196頁／2,640円（税込）	人的資本経営が求められるなかで注目されているのが従業員エンゲージメント。星野リゾート，チロルチョコほか10社の事例を織り交ぜ，中小企業が実践できる各種施策を解説。
人的資本経営ストーリーのつくりかた ―経営戦略と人材のつながりを可視化する 一守 靖 著／A5判・200頁／2,530円（税込）	経営戦略と連動した人事戦略の立案，人事施策の導入，人的資本の指標の選択と目標に悩む企業のために，持続的成長につながる人的資本経営ストーリーの作成を事例豊富に解説。
職場のソーシャル・キャピタル ―人的資源管理が創り出す個と組織の関係性 西村 孝史 著／A5判・244頁／3,850円（税込）	「人事管理は従業員の人脈形成に影響を与えるのか」という問いに，HRMが職場のソーシャル・キャピタル（社会関係資本）に与える影響について様々なデータを用いて解明。

中央経済社

················ **好評発売中** ················

はじめての人間社会学〈第2版〉
―現代社会とSDGs
千葉商科大学 人間社会学部 編／
A5判・256頁／3,080円（税込）

人間，社会，経済のあり方を探求する「人間社会学」を学ぶための基本書。改訂第2版では，とりわけ，SDGsとの関連を主眼に置き「人にやさしい社会」の実現方法を学ぶ。

リーダーのためのコミュニ
ケーションマネジメント
―トップリーダーとメソッドから学ぶ部下育成の奥義
杉本 ゆかり 著／A5判・256頁／3,190円（税込）

リーダーに求められるマネジメント能力について，ケースをまじえながらステップアップ形式で解説。部下やメンバーを成長に導くコミュニケーションマネジメント力が身につく！

これだけは知っておきたい
キャリア支援者の法律
ガイドQ&A25
山田 英樹 著／A5判・160頁／2,530円（税込）

キャリアコンサルタントをはじめとするキャリア支援者，人事・総務担当者必携！労働・離婚・借金問題で法律家に適切にリファーするには？自身を守るには？専門弁護士が回答！

労使関係の組織行動論
―従業員の伝わる声・伝わらない声
中川 亮平 著／A5判・180頁／4,180円（税込）

従業員と企業はどのように緊張関係を維持しているのか。企業別労働組合は企業との癒着を生むのか，それとも発言を促すのか。労使関係の変遷と豊富なインタビューから解明。

絶望と苦悩の職場からの
ブレイクスルー
―世界の性格心理研究が明かす逆境への生存戦略
鈴木 智之 著／A5判・216頁／2,750円（税込）

職場の「争い」「不正」「嫌がらせ」「働き辛さ」の原因を世界最先端の性格心理研究理論で解明する。職場と働く毎日を劇的に変える，本邦初の「性格と仕事」の実践的教科書。

社会保険労務ハンドブック
〈令和6年版〉
全国社会保険労務士会連合会 編／
B6判・882頁／4,620円（税込）

労働・社会保険法規を表欄形式でまとめた法令・実務マニュアル。在宅勤務，フリーランスなど新しい働き方を視野に入れた法改正，給与のデジタル払いに関する実務をフォロー。

社会保険労務六法
〈令和6年版〉
全国社会保険労務士会連合会 編／
A5判・4324頁／9,680円（税込）

健康保険法等改正や労働基準法施行規則改正ほか，令和4年10月以降1年間の法令改正に完全対応。社会保険関係法規及び労働関係法規をまとめた本邦唯一の法令集の最新版！

労働行政対応の法律実務
〈第2版〉
石嵜 信憲 編著／
A5判・1376頁／10,450円（税込）

労働行政に対する使用者の対応等を整理・紹介した好評第1版に，働き方改革関連法や，女性活躍推進法等を含めた行政指導等の対応策について大幅に加筆した待望の第2版！

中央経済社

······· 好評発売中 ·······

社員300名までの人事評価・賃金制度入門〈改訂版〉 森中 謙介・山口 俊一 著／ A5判・232頁／2,860円（税込）	小規模企業の人事制度で一番難しい「評価制度」について，評価シートの具体例と使い方を業種別・職種別に紹介。ジョブ型人事制についても詳述した人事制度設計のバイブル。
今日作って明日から使う **中小企業のためのカンタンすぎる人事評価制度** 山本 昌幸 著／A5判・204頁／2,530円（税込）	著者が，中小企業の経営者が，たった1日で作って使えることを実現させた「カンタンすぎる人事評価制度」を丁寧に詳解する1冊。人事評価制度は1日で作って明日から使える！
人事評価の会計学 —キャリア・コンサーンと相対的業績評価 太田 康広 編著／ A5判・288頁／4,950円（税込）	日本的雇用システムの急速に崩れつつある中，キャリア・コンサーンと相対的業績評価に関する問題がクローズアップされている。本書は，優れた研究論文をわかりやすく解題。
中小企業と小規模事業者のBCP導入マニュアル〈第2版〉 —事業継続計画策定ですべきことがわかる本 阿部 裕樹 著／A5判・204頁／3,080円（税込）	小規模事業者と中小企業の経営者の方々がBCPでするべきことを丁寧に解説。第2版では，自然災害に加えて，事業継続に大きく影響する新型コロナ感染症も想定。
中小企業と小規模事業者のDX導入マニュアル —小さな会社がDXの取り組み方を見つける本 阿部 裕樹 著／A5判・200頁／3,080円（税込）	DXは「ITと何が違うの？」「具体的に何をすればよいの？」「どんな価値を生み出せるの？」中小企業・小規模事業の経営者が知りたいDX経営の取り組み方がわかる本。
改正電帳法・インボイス制度に対応 **税務・労務のDXガイドブック** 山口 隆司 著／A5判・320頁／3,850円（税込）	DXに無縁だった中小企業を舞台に電子取引のデータ保存義務（改正電帳法）やインボイス制度への対応に伴うデジタル化，申告納税・給与計算・年末調整等の電子手続をガイド。
Q&A「職場のハラスメント」アウト・セーフと防止策 布施 直春 著／A5判・144頁／2,530円（税込）	令和2年6月施行のパワハラ指針の内容を整理し，具体例を用いてパワハラに該当するか否かの判断ポイントを解説。セクハラ，マタハラなど，各種ハラスメントの防止策にも言及。
相談者を裏切らない **機能する社内相談窓口のつくり方** 山本 喜一 著／A5判・152頁／2,420円（税込）	従業員のモチベーション低下，メンタル不調を防ぐ！機能する社内相談窓口（ハラスメント，公益通報，内部通報）をつくる上で必須の知識を授ける本。相談窓口担当者必携の書。

中央経済社